学诗可以情飞扬、志高昂、人灵秀。

——引自 2013 年 3 月 7 日习近平在中央党校建校 80 周年大会上的讲话

中华最美古诗词360首

（五级）

学术顾问：周笃文

书名题字：陈洪武

主　　编：刘锦文　康守永

副 主 编：王汉文　王艳芬　乔　维　满在莉

本册编委：（以姓氏笔画为序）

王菊珍　卢潘红　叶新献　史雯婷　冯　闯　刘　洁

刘艳华　师　文　闫　瑞　孙晓侠　李玉芳　李永梅

李宏发　李香香　李婷婷　杨春玲　杨　薇　吴　祺

张文爱　陈永林　陈红艳　周　容　胡　伟　郭艳霞

曹　洁　葛巧玲　程后玲

艺术总监：李有来　许龙江　吴川淮

插画提供：《中国书画》杂志社

平台支持：全国中小学教师继续教育网

西安出版社

图书在版编目（CIP）数据

中华最美古诗词 360 首. 五级 / 刘锦文、康守永主编. -- 西安： 西安出版社，2018.12
ISBN 978-7-5541-3211-1

Ⅰ. ①中…　Ⅱ. ①刘… ②康…　Ⅲ. ①古典诗歌—中国—小学—教学参考资料 Ⅳ. ①G624.203

中国版本图书馆 CIP 数据核字（2018）第 159270 号

中华最美古诗词 360 首（五级）

主　　编：刘锦文　康守永
出版发行：西安出版社
社　　址：西安市长安北路 56 号
电　　话：（029）85253740
邮政编码：710061
网　　址：www.xacbs.com
印　　刷：北京凯德印刷有限责任公司
开　　本：787mm×1092 mm　1/20
印　　张：6.25
字　　数：126 千
版　　次：2018 年 12 月第 1 版
　　　　　2019 年 1 月第 1 次印刷
书　　号：ISBN 978-7-5541-3211-1
定　　价：29.80 元

序

中国诗歌发轫于上古，波澜相接，汇为浩浩之诗海，气势磅礴，穿越万古时空依旧光辉不减，其历史之久远，底蕴之深厚，数量之巨大，品质之超然，震撼之强烈，流传之广阔，影响之深远，在世界文明史上都是举世无双的。

俨然一角灵犀影，焕出诗家万丈虹。在这个国度里，无数诗词巨星，用自己充满高情大爱与奇思的旷世名篇，将汉语言文字特有的声情意象之美发挥到了出神入化的地步，声律优美，意境如画，使人见字生感，闻声动情，从帝王将相到渔父耕夫，无不喜闻乐诵、目醉心迷，诗词成了人们文化生活的首选乃至潜意识存在，在塑造民族性格、凝铸民族精神方面发挥着神工伟力，诗化的中华民族因此历劫不衰，保持着盎然勃发的生命力。古诗词所蕴含的美育力量渗透进了中华文化的各个方面，使其当之无愧地成为中华文化的灵魂、民族的血脉、精神的家园。

诗主性灵，重高节。就个人成长而言，诗词是陶冶性灵、涵养气质、提升审美品位不可替代的载体，对促进智力的发展、创新才能的焕发、自由精神的培育、贤德君子形象的塑造具有极为重要的价值。

以诗词之美弘扬国学、教化人生是每一个文化和教育工作者的义务和使命。正如近平同志在北师大教师节座谈会上说的，"应该把这些经典嵌在学生脑子里，成为中华民族文化的基因"，希望全社会积极承担起激活传统的历史责任，推陈出新，利用各种载体，将传统中华诗歌文化传承下去，让中华诗词在传承中焕发出内生的动力和新的光彩。

周笃文

2018 年 9 月 8 日于北京

周笃文：字晓川，1934 年生，湖南汨罗人，国务院表彰的特殊贡献专家，著名诗词家和宋词研究专家，中华诗词学会和中国韵文学会的创始人之一，历任中国韵文学会常务理事、中华诗词学会副会长兼秘书长、中华诗词编著中心总编辑，原中国新闻学院教授，中外文化研究所所长。已发表诗词近千首，出版各类诗词专集、选集、研究赏析著作十余种，主要著作有《全宋词评注》十卷、《宋词》《宋百家词选》《金元明清词》《华夏之歌》《经典宋词百家解说》《珍藏本宋词》《影珠书屋吟稿》《婉约词典评》《豪放词典评》《中外文化辞典》等，在古典诗词学界享有盛誉。

目　　录

引　言

走进缤纷律动的夏日荷塘，听鸟儿欢叫、蛙声悠扬；拾级黄叶漫染的金秋山冈，听泉水流淌、情歌回响；登上月辉静沐的西楼画舫，听钟磬和鸣、宫商绕梁……这些，都是中华古诗词里的寻常意象。

泛黄的史册里，从王侯将相到黎民百姓，无论贵贱，或雅或风，你来我往，游弋在诗词的海洋，抚琴摇橹，浅吟低唱；从文人雅士到野夫游侠，不分老少，或兴或比，前呼后拥，徜徉在花园曲榭，举杯邀月，高歌豪放……

让我们洗耳恭听——听孔丘弦歌，屈子骚伤……

悠远的古道上，一代汉将剑指云天，驰骋边关，倾情演绎着烈士洒血的铿锵；萧瑟的西风中，几个宋臣骑着瘦马，来去回还，奋力弹奏着战马嘶鸣的悲怆；拍岸的惊涛里，风流人物驾着小船，驱风逐雾，镇定挥洒着强虏烟灭的雄壮；凌空的高阁下，绝代诗圣舒展衣袖，轻提缓按，自如书写着鬼神惊泣的华章。

蓦然回首，有位佳人，在水中央，巧笑倩兮，美目盼兮，令人心驰神往。

让我们走进中华最美古诗词，看郑姬进殿、汉娥离宫，邂逅花妒神赞、鱼沉燕落之天香；看唐妃起舞、宋娘登楼，温暖别易聚难、怀歇肠断之悲凉。

"江山代有才人出，各领风骚数百年"，从汉魏风骨到盛唐气象，斗转星移，诗家辈出，诗品日新，诗潮迭起，诗风浩荡。

王朝虽更迭，诗魂却永驻。诗词流淌在中国人的血液里，成了中华民族不朽的文化基因。让我们再上高楼，以饱满的人文底蕴，拥抱明日的辉煌。

仿設色倪高士小景
癸巳清和朔日倣
古十二幀為
雲微年道契作
王原祁

[清] 王原祁 《仿古山水册》

忆 江 南①

[唐] 白居易

江南好，

风景旧曾谙②。

日出江花③红胜火④，

春来江水绿如蓝⑤。

能不忆江南？

注释

①忆江南：唐教坊曲名。作者题下自注说："此曲亦名'谢秋娘'，每首五句。"按《乐府诗集》："'忆江南'一名'望江南'，因白氏词，遂改名'江南好'。"至晚唐、五代成为词牌名。这里所指的江南主要是长江下游的江浙一带。

②谙（ān）：熟悉。作者年轻时曾三次到过江南。

③江花：江边的花朵。一说指江中的浪花。

④红胜火：颜色鲜红胜过火焰。

⑤绿如蓝：绿得比蓝还要绿。如，用法犹"于"，有胜过的意思。蓝，蓝草，其叶可制青绿染料。

古词今读

江南的风景多么美好，如画的风景久已熟悉。春天到来时，太阳从江面升起，把江边的鲜花照得比火红，碧绿的江水绿得胜过蓝草。怎能叫人不想起江南？

这首词写江南春色，首句"江南好"，以一个既浅显又圆活的"好"字，摄尽江南春色的种种佳处，而作者的赞颂之意与向往之情也尽寓其中。同时，唯因"好"之已甚，方能"忆"之不休，因此，此句又已暗合结句"能不忆江南"，并与之相关联。次句"风景旧曾谙"，点明江南风景之"好"，并非得之传闻，而是作者出牧杭州时的亲身体验与亲身感受。这就既落实了"好"字，又照应了"忆"字。三、四两句对江南之"好"进行形象化的演绎，突出渲染江花、江水红绿相映的明艳色彩，给人以光彩夺目的强烈印象。其中，既有同色间的相互烘托，又有异色间的相互映衬，充分显示了作者善于着色的技巧。篇末，以"能不忆江南"收束全词，既衬托出身在洛阳的作者对江南春色的无限赞叹与怀念，又造成一种悠远而又深长的韵味，把读者带入余情荡漾的境界中。

作者掠影

白居易（772～846），唐代伟大的现实主义诗人，字乐天，号香山居士，又号醉吟先生，祖籍太原，到其曾祖父时迁居下邽，生于河南新郑。白居易与元稹共同倡导新乐府运动，世称"元白"，与刘禹锡并称"刘白"。白居易的诗歌题材广泛，形式多样，语言平易通俗，有"诗魔"和"诗王"之称。官至翰林学士、左赞善大夫。846年，白居易在洛阳逝世，葬于香山。有《白氏长庆集》传世，代表诗作有《长恨歌》《卖炭翁》《琵琶行》等。

延伸阅读

《忆江南》三首（之二、之三）

江南忆，最忆是杭州。
山寺月中寻桂子，郡亭枕上看潮头。
何日更重游？

江南忆，其次忆吴宫。
吴酒一杯春竹叶，吴娃双舞醉芙蓉。
早晚复相逢？

白居易任刺史满三年，就要离开杭州了。三年来，他带领百姓筑起了一道美丽的湖堤，疏通了六井清澈的泉水；留下了200首杰出的诗篇，结交了许许多多的好友。离别的那一天，杭州人扶老携幼，提着酒壶，洒泪而别，白居易落泪了……离开杭州之后，白居易又在苏州做过几年官，晚年居于洛阳。838 年，离开杭州整整 13 年的大诗人在洛阳香山脚下，深情地遥望江南。他多想重回杭州啊！但因路途遥远，交通不便，终未成行。他只能将一腔思念，托付于《忆江南》。直到去世，他魂牵梦绕的杭州，他亲自命名的西湖，再也没有能够旧地重游。

考试链接

1. "忆江南"是_____牌名。作者是_____，通过对_____的描写，抒发了作者_____之情。

2. 这首诗中表现江南美景的诗句是_____。

3. "能不忆江南？"采用的修辞手法是_____。

编注者：张文爱

【参考答案】

1. 词　白居易　江南　对江南美景赞美与思念
2. 日出江花红胜火，春来江水绿如蓝。
3. 反问

［明］ 张路 《松下步月图》

苍梧谣①·天

[宋] 蔡 伸

扫一扫，听朗读

天！休使圆蟾②照客眠。

人何在？桂影自婵娟③。

注释

①苍梧谣：词牌名，又名《十六字令》《归梧谣》《归字谣》等。

②圆蟾：圆月。蟾，蟾蜍。屈原《天问》有"顾菟在腹"之句，意即蟾蜍在月亮腹中。后来就以"蟾蜍"作为月亮的代称。

③桂影自婵娟：月中桂影空自婆娑。

古词今读

天啊，不要让这一轮圆月照得我无法安眠吧。皓月当空，孤身而卧，她在哪儿呢？

月宫里，桂影空自婆娑，月下却不见伊人倩影。

赏析要点

汉乐府《上邪》一曲中，"上邪"即"天哪"。这首小词也采用这种咏叹手法，以口语述之，清新别致，富有民谣色彩。寥寥十六个字，曲折有致，脉脉含情，借月抒怀，表达出诚挚的思念之情。这种"含不尽之意见于言外"（梅尧臣语）的高妙手法，真可谓"以少胜多"。

作者掠影

蔡伸（1088～1156），宋代诗人，字伸道，号友古居士，莆田（今属福建）人，蔡襄之孙。政和五年（1115年）进士。宣和年间，出知潍州北海县，通判徐州。南渡后，通判真州，除知滁州。绍兴九年（1139年），起知徐州，改知德安府。后为浙东安抚司参谋官，提举崇道观。绍兴二十六年卒，年六十九。《宋史翼》有传。蔡伸少有文名，擅长书法，得祖父蔡襄笔意。工于词体，留《友古居士词》一卷。存词175首。

延伸阅读

月在梧桐缺处明

曹 洁

在氤氲着秋意的子夜醒来，夜色渐渐褪去，月光流泻如水。醒来的速度是稳定的，不是快，也不是慢，刚刚好。知觉从四肢末梢往回收缩，悄悄然，一点一点，靠近心脏、大脑和思维。这个过程静悄悄地，没有一丝声息，就像月亮的升起和沉落，世界一点点明朗起来，或者一点点黯淡下去，她从不开口。

此时无声胜有声。浓墨一样的黑被一阕词驱散了。

这是蔡伸的《苍梧谣·天》。寥寥十六个字，字字如水，横空而来，倾泻而下。起句看似突兀，却合情合理，你听，他似乎把"天"当作是亲人、恋人、朋友，直呼其名，迫切地呼出难耐的思念之情，创设出一种令人回味的艺术氛围：天啊，不要让这一轮圆月照得我无法安眠吧。皓月当空，孤身而卧，她在哪儿呢？月宫里，桂影空自婆娑，月下却不见伊人倩影。

伊人何在？伊人也在望月。你看，她素衣一袭，发髻轻挽，轻垂手臂，倚窗而立，独自望月。一弯月儿，点透浓黑，亮了一抹暖。细看那月儿，竟是一幅人脸侧影，眼眉轻蹙，微微颔首，看着女子，似怜其孤独。相思悲苦，苦到月儿去了。

这是宋代词人朱淑真的《秋夜》：

夜久无眠秋气清，烛花频剪欲三更。

铺床凉满梧桐月，月在梧桐缺处明。

这首诗是朱淑真悲凉生命的隐喻和浓缩。秋月清凉，铺满床席，婆娑的梧桐叶影投射下来，摇曳而梦幻，仿佛不可追的昨日和不可知的明天。四野空明，一地凄冷，梧桐缺处，凉月清圆，悲凉无处诉，空坐到三更。烛灯微明，一节一节燃烧，手把剪刀，频剪花烛淡夜长。一节一节剪去灯花，也剪掉一节一节生命。这是许许多多个夜晚的重叠，剪碎爱，剪碎希望，遗落一地的灯花，就是被剪碎的一世红尘。

识得朱淑真，缘于"月到柳梢头，人约黄昏后"。有人说《生查子·元夕》出于欧阳修，我一直固执地以为只能是朱淑真。千古女儿悲，蔡文姬悲在身处乱世、骨肉分离，至少还有亲人惦念；薛涛悲在一生无依、倾世孤独，总有些随性的热闹和繁华；李清照悲在相爱太短、家国同悲，但至少在寻寻觅觅中完整了生命过程；朱淑真则悲在情感凋零、生命凄凉，渴求完美却未曾完整。

朱淑真一生孤寂，如叶飘零，无人捡拾。她本来是一棵树，但根脉被斩断了，叶子尚且没有充足滋润，更别说开花结果了。这个婉约素丽的女子，芳菲一季，历尽飘摇，"其死也，不能葬骨于地下，如青冢之可吊，并其诗为父母一火焚之"。一个卓越女子，竟无寸土之地埋骨。质本洁来还洁去，唯有飞魂缥缈处。后人只能和着流转岁月之长风，听她婉转耳语，诉说曼妙如烟的心事。

宋代梅圣俞说："必能状难写之景如在目前，含不尽之意见于言外，然后为至矣。"自古而今，有太多的人以生命为代价为后人留下经典。长烟深处，秋风萧萧，蔡伸与朱淑真，借月抒怀，为后世留下精美辞章，千年共享。这是一种精神的承担，是一种积淀在我们血脉里的基因，需要我们用生命焐热它，让它流淌。

考试链接

1. "月"有很多美称和雅号，本词中指月的词语有哪些？请再另举出三个月亮的美称或雅号。

2. "桂影自婵娟"句中"自"是作"独自"，还是作介词"从"？"婵娟"在句中的词性是什么？

3. 本词表达了作者怎样的思想感情？

编注者：曹　洁

【参考答案】

1. 圆蟾、婵娟；玉兔、素娥、广寒宫等。
2. "自"是"独自"。"婵娟"本有姿态美好之意，这里作动词，解释为桂花树影，独自婆娑生姿。
3. 这首小词寥寥十六个字，采用咏叹手法，清新别致，极富民谣色彩，借月抒怀，表达出诚挚的思念之情。

［清］ 居廉 《仕女》

在那东山顶上①

[清] 仓央嘉措

扫一扫，听朗读

从东边的山尖上，
白亮的月儿出来了。
"未生娘"②的脸儿，
在心中已渐渐地显现。

注释

①在那东山顶上：仓央嘉措的诗所采用的形式，是藏族群众普遍喜爱的谐体民歌。一般每首是四句，间或有六句或八句的，每一句是六音三顿。仓央嘉措所作诗歌绝大多数是每首四句成诗。

②"未生娘"：系直译藏文之 ma-skyes-a-ma 一词，为"少女"之意。

古诗今读

在那东山顶上，升起皎洁月亮。年轻姑娘面容，渐渐浮现心上。

赏析要点

这是一首关于想念恋人的情诗。以初升的月亮起兴，前两句状物，后两句言情，甚是自然。这种油然而生的思恋之情，犹如"每登山临水，惹起平生心事"一般，不过，这里别离的恋人可能只是昨日才相见，而此时不得见。只因心中时时萦绕，见到月亮升起，纯净洁白的形象触发了恋爱中人的联想。

诗中难解的是这位思恋的对象。于道泉汉译本作"未生娘"，是直译自藏文的 ma-skyes-a-ma，意思是"并没有生养我但有着母亲般恩情的姑娘"。这个词翻译成任何语言，都很难找到对应的词。今译中的"玛吉阿妈"是完全的音译，只为给读者留一些得其意之后的遐想空间；曾有人以为仓央嘉措思慕一位叫"玛吉阿米"的姑娘，当是以讹传讹的误读。这首诗也可以意译成：夜空下的群山也挡不住你的光亮，你银色的脸庞升起在东方。在你缓慢又忍耐的少女时光，月亮常伴随他在每一个夜里。

作者掠影

仓央嘉措（1683～1706），六世达赖喇嘛，西藏历史上颇有争议的著名人物。仓央嘉措原名洛桑仁钦仓央嘉措。其父扎西丹增，原居错那宗。其母为赞普后裔，名为次旺拉姆。仓央嘉措诞生于1683年3月1日。仓央嘉措成长的时代，恰值西藏政治动荡，内外各种矛盾接连不断地开始出现之际。各种矛盾错综复杂，仓央嘉措感到"失望，学习也无益处"，遂变得懒散起来，且喜好游乐，放荡不羁。

五世达赖喇嘛六十六岁时在布达拉宫圆寂，他手下的总管第悉桑结嘉措秘密派人四处寻访五世达赖的转世灵童。在山南的措那地方，他们找到了一个聪明可爱的儿童，认定他是五世达赖的转世，把他接到措那城堡悄悄供养起来。到了15岁时，在布达拉宫大殿坐床，他就是六世达赖仓央嘉措。仓央嘉措不喜欢被人当神佛一样供养在布达拉宫里，每天从早到晚没完没了的诵经礼佛使他非常厌烦，他就穿上俗人的衣服，戴上长长的假发，化名唐桑旺布，溜到拉萨八角街或布达拉宫下的雪村，找男朋友女友玩耍，享受世俗生活的欢乐，于是诞生了一些反映他过着活佛和俗人的双重生活的诗歌。

延伸阅读

仓央嘉措和李煜的异同之处

仓央嘉措和李煜两人在诗词方面都颇有成就，一个是佛教首领，一个是南唐后主，虽在时空中遥遥相隔，但却在社会身份和人生经历方面有相似之处。如他们都曾处在宗教或政治的至高地位，然而都不是强劲有力的领袖人物，他们本更适合悠游在一个文学艺术的审美世界中，而非现实权力斗争的世界中，因而他们在各自的环境中都感到了难以忍受的压力和束缚。在这种矛盾中，他们要么消极地逃避现实，要么置其于一旁而不顾，却都借着自己的特殊地位提供给他们的优厚条件，充分滋养起了他们的艺术天分，因而他们都可称得上是有天赋才情的诗人和艺术家，但却是现实世界里失败的宗教领袖和政治家。

因为相似的经历和情怀，仓央嘉措和李煜在文学创作中也有相似之处。从内容上说，仓央嘉措的诗不像李煜的词那样寄托着政治上的忧伤和哀思，"托儿女之辞，写君臣之事"。仓央嘉措的诗既有着民间情歌的活泼流畅，又有着作者因宗教理想和世俗情感相矛盾而带来的痛苦色彩，具有"和而不同"的特点。即二者虽都有"情意绵绵"的一面，但还各自带有"活泼流畅"和"忧伤哀思"的特点。事实上，还有更本质更本真的一面，即他们的诗歌都是从自己的亲身感受出发，大胆书写，绝无拘束，使诗歌中的情事、景象都跃现在读者的眼前。

一任性情，真我不媚，这是仓央嘉措的情歌与后主词抒情风格中最鲜明而本质的共性，但二者之间也有差异，这种差异并不仅仅像民歌的"健康活泼"与士大夫的"哀愁忧思"的对比那么直接简单，因为仓央嘉措的情歌中有在宗教理想与现实幸福间斗争的痛苦，后主词亦有早期醉心于声色华美的宫廷生活的内容，都存在几种不同的风格和内容。从具体形态上看，仓央嘉措的情歌表现出的是无拘无

束的外放包举，而后主词表现为一种无尽无止的深情投注。究其原因，则是由两人所处的文化环境、历史环境，以及文学环境差异所造就的，这些不同的环境造就了他们不同的个人性情，从而使二人的诗词风格也有所不同。

考试链接

1. 对这首诗歌赏析不正确的一项是（　　）

A. 这是一首单纯的写景诗歌。

B. 这是一首表达相思之情的诗歌。

C. 这首诗歌运用了比兴的手法，通过比兴将事物与情景相结合，从而达到触景生情。

2. 诗人想要表达怎样的情感？

编注者：师　文

【参考答案】

1. A　A项所言，"这是一首单纯的写景诗歌"，过于片面。这首诗歌运用了比兴的手法，通过比兴将事物与情景相结合，是一首表达相思之情的诗歌。

2. 诗人借月亮升在东山顶来比喻情人美丽皎洁的容貌浮现在心上，既写了情人的容貌之美，又写了自己情意之深，抒发了自己对情人的相思之情。

屈原的时代是中国文化史上光荣的时代，以屈原的地位而言，他自然是宗周文化的正统嫡系，但由于他的生长在南方，而南方远从他的曾祖屈瑕以来便是志在向楚国的将向的。他和楚国是宗周的一个支族，热爱人民、热爱自由、热爱和平，正是这样的诗人在会永远不朽的。

一九五三年九月为屈原演出剧院纪念屈原演出题诗。 郭沫若

蒋兆和 《屈原像》

014

过三闾庙①

[唐] 戴叔伦

沅湘②流不尽，

屈子怨何深③。

日暮秋风起，

萧萧枫树林。

注释

①三闾（lú）庙：即屈原庙，因屈原曾任三闾大夫
而得名，在今湖南汨罗市境。

②沅（yuán）湘：指沅江和湘江。沅江、湘江是
湖南的两条主要河流。

③屈子怨何深：此处用比喻，屈子指屈原，喻指屈
原的怨恨好似沅江、湘江深沉的河水一样。何深：
多么的深。

古诗今读

沅江与湘江依然川流不息，但是屈大夫的冤屈
更比滔滔而逝的江水更绵长。

日暮时一阵秋风吹过，三闾庙的枫树林中呈现
出一片萧萧的气象。

赏析要点

这是作者游屈原庙的题诗。此诗题一作《过三
闾庙》，是诗人大历（766～779）中在湖南做官期
间路过三闾庙时所作。伟大诗人屈原毕生忠贞正直，
满腔忧国忧民之心，一身匡时济世之才，却因奸邪
谗毁不得进用，最终流放江潭，遗恨波涛。他崇高
的人格和不幸遭遇，引起了后人无限的景仰与同情。

在汉代，贾谊、司马迁过汨罗江就曾驻揖凭吊，洒一掬英雄泪。贾谊留下了著名的《吊屈原赋》。而司马迁则在他那"无韵之《离骚》"（《史记》）里写了一篇满含悲愤的《屈原列传》。时隔千载，诗人戴叔伦也感受到了与贾谊、司马迁同样的情怀："昔人从逝水，有客吊秋风。何意千年隔，论心一日同！"（《湘中怀古》）大历年间，奸臣元载当道，嫉贤妒能，排斥异己。在这种时代背景下，诗人来往于沅湘之上，面对秋风萧瑟之景，不由他不动怀古吊屈的幽情。屈原"忠而见疑，信而被谤"（《史记·屈原列传》），作者谒庙，感慨颇深，《题三闾大夫庙》就是作者情动于中而形于言、即景成章的。

诗的前二句对屈原的不幸遭遇表示深切的同情。"沅湘流不尽"发语高亢，如天外奇石陡然而落，紧接着次句"屈子怨何深"又如古钟震鸣，沉重而浑厚。两句一开一阖，顿时给读者心灵以强烈的震撼。从字面上看，"沅湘"一句是说江水长流，无穷无尽，意思当句自足。但实际上"流"这里是双关，既指水同时也引出下句的"怨"，意谓屈子的哀愁是何等深重，沅湘两江之水千百年来汩汩流去，也流淌不尽、冲刷不尽。这样一来，屈原的悲剧就被赋予了一种超时空的永恒意义。诗人那不被理解、

信任的悲哀，遭谗见谪的愤慨和不得施展抱负的不平，仿佛都化作一股怨气弥漫在天地间，沉积在流水中，浪淘不尽。作者在这里以大胆的想象伴随饱含感情的笔调，表现了屈原的哀怨的深重，言外洋溢着无限悲慨。"沅湘流不尽，屈子怨何深"，以沅水湘水流了千年也流不尽，来比喻屈原的幽怨之深，构思妙绝。屈原与楚王同宗，想到祖宗创业艰难，好不容易建立起强大的楚国，可是子孙昏庸无能，不能守业，贤能疏远，奸佞当权，自己空有一套正确的治国主张却不被采纳，反而遭到打击迫害，屡贬荒地。眼看世道，是非不分，黑白颠倒，朝政日非，国势岌岌可危，人民的灾难越来越深重，屈原愤而自沉汨罗江，他生而有怨，死亦有怨，这样的怨，没有个尽头。这二句是抒情。

后二句写景："日暮秋风起，萧萧枫树林。"秋风萧瑟，景象凄凉，一片惨淡气氛，诗人融情入景，使读者不禁慨然以思，含蓄蕴藉地表达了一种感慨不已、哀思无限的凭吊怀念之情。这两句暗用《楚辞·招魂》语："湛湛江水兮上有枫，目极千里兮伤春心，魂兮归来哀江南。"但化用得非常巧妙，使人全然不觉。诗的后两句轻轻宕开，既不咏屈原的事，也不写屈原庙，却由虚转实，描绘了一幅秋景：

"日暮秋风起，萧萧枫树林"。这并不是闲笔，它让读者想到屈原笔下的秋风和枫树，"嫋嫋兮秋风，洞庭波兮木叶下"（《九歌·湘夫人》）。"湛湛江水兮上有枫"（《招魂》）。这是屈原曾经行吟的地方。朱熹说"（枫）玉霜后叶丹可爱，故骚人多称之"（《楚辞集注》）。此刻骚人已去，只有他曾歌咏的枫还在，当黄昏的秋风吹起时，如火的红枫婆娑摇曳，萧萧絮响，像在诉说千古悲剧。

这首诗比兴手法相当高明。前二句以江水之流不尽来比喻人之怨无穷，堪称妙绝。后二句萧瑟秋景的描写，又从《招魂》"湛湛江水"两句生发而来，景物依稀，气氛愁惨，更增凄婉，使人不胜惆怅，吊古之意极深，为人传诵。

作者掠影

戴叔伦（732～789），唐代诗人，字幼公，润州金坛（今属江苏）人。年轻时师从萧颖士。曾任新城令、东阳令、抚州刺史、容管经略使。晚年上表自请为道士。其诗多表现隐逸生活和闲适情调，但《女耕田行》《屯田词》等篇也反映了人民生活的艰苦。论诗主张"诗家之景，如蓝田日暖，良玉生烟，

可望而不可置于眉睫之前"。其诗体裁皆有所涉猎。

延伸阅读

走近一代诗魂屈原

"万古汨罗深，骚人道不沉。明明唐日升，应见楚君心"。借唐诗人窦常凭吊屈原诗一首，让我们走进这位两千多年前的伟大爱国诗人、政治家。

屈原，生于贵族家庭，且与皇室沾亲。幼年时酷爱读书，杂而广。这为他日后居庙堂之高则忧其民，处江湖之远则忧其君的忧国忧民思想打下了坚实基础。

屈原从基层官吏做起，直至左徒（相当于宰相）由于他突出的外交与军事才能，在春秋战国风雨飘摇的战争年代，使楚国联齐抗秦，在经济和军事力量上独楚国能与秦国抗衡，屹立于战国七雄之一。

然物极必反，因其卓越才能，终遭贵族嫉恨诽谤，两次被贬，降至三闾大夫后至平民流放千里。看到秦国一举歼灭楚国，国破家亡，宁可玉碎，不为瓦全的诗人饮恨汨罗江，抱石投江自尽，流下千古遗恨。

屈原的一生充满着传奇色彩，他的生辰八字与

字号，天开于子，地辟于丑，人生于寅，正应了天地人三统。其二，其代表作品《离骚》《九歌》《九章》《天问》人神共语，开创了浪漫主义文学的先河，被后世称为中华诗祖、辞赋之祖。其香草美人之手法，为唐诗宋辞的创作打开了一扇通往鼎盛之门。

"路漫漫其修远兮，吾将上下而求索"，诗人浓厚的爱国情怀，是他千古不朽之魂，后人争先赞美，好评如潮。就连被鲁迅称为"史家之绝唱，无韵之离骚"——《史记》的作者司马迁亲自为其立传，唐宋诗人更是争相赞誉，鲁迅，郭沫若，甚至一代伟人毛泽东都对其品格评价颇高。

盖文王拘而演周易，仲尼厄而作春秋，屈原放逐乃赋离骚，左丘失明，厥有国语，孙子膑脚，兵法修列……在人生的低谷，方显英雄本色。梅的傲雪，兰的幽香，竹的不屈，菊的高雅，集这些品质于一身者，屈原应列其一。这也应是后人赞赏有加的重要原因吧。

在国破家亡时节，诗人凄壮诀世，与"商女不知亡国恨，隔江犹唱后庭花"的意境反差不知有多大呀！

最后以副对联结尾，"清节表三闾，想当年芷泽行吟，香草空馀骚客赋；忠魂昭一代，怅今日菊潭奉祀，落英犹是楚臣餐。"

考试链接

1. 这首诗表达感情基调的词是哪一个？前两句是如何表现这种感情的？

2.《诗法易简录》赞叹三、四句说："但写眼前之景，不复加以品评，格力尤高。"结合诗句，谈一谈你对这句话的理解。

编注者：孙晓侠

【参考答案】

1. 表达感情基调的词是"怨"。沅水湘江，江流有如屈子千年不尽的怨恨，"不尽"，写怨之绵长；屈原的幽怨，好似沅湘深沉的流水，"何深"，表怨之深重；诗句生动地抒发了对屈原其人其事的感怀。

2. 三、四句使用了"以景结情"的手法。日暮时分，江上秋风萧瑟，枫林摇落，历时千载，而三闾庙旁的景色依然如昔，可是，屈子沉江之后，已经无处可以呼唤他的冤魂归来；诗人抚今追昔，触景生情，形象地表达了屈原的不尽幽怨，表现了较高的艺术特色。

［清］ 恽寿平 《鱼藻图轴》

兰溪①棹歌②

[唐] 戴叔伦

凉月③如眉挂柳湾，

越④中山色镜中看。

兰溪三日⑤桃花雨⑥，

半夜鲤鱼来上滩。

注释

①兰溪：兰溪江，也称兰江，浙江富春江上游一支流，在今浙江省兰溪市西南。

②棹（zhào）歌：船家摇橹时唱的歌，即渔民的歌。

③凉月：新月。

④越：古代东南沿海一带称为越，今浙江省中部。

⑤三日：三天。

⑥桃花雨：江南春天桃花盛开时下的雨，即春雨。

古诗今读

一弯新月如同纤细的眉毛，斜挂在水湾边的柳树梢头，月光清朗，凉爽宜人。月亮的清辉，泻落到清澈的溪水，平静的水面如同镜子一般，映出越中恬幽的山色。一连数天的春雨，溪水猛涨，鱼儿嬉戏着春水，欢蹦乱跳，半夜里竟然调皮地跃上了溪边的浅滩。

赏析要点

这是一首富有民歌风味的船歌。题中"兰溪"，即婺州兰溪市境内的兰溪（又称东阳江，是富春江的上游）；棹是船桨，棹歌即船家摇桨时唱的歌。戴叔伦在德宗建中元年（780年）五月至二年春曾任东阳令，兰溪在东阳附近，这首诗大约是他在这段时间所作的。歌唱本地风光的民歌，除有特殊背景外（如刘禹锡《踏歌词》），取景多在日间。因为在丽日艳阳照映下，一切景物都显得生气蓬勃、鲜艳明媚，得以充分展示出它们的美。本篇却独出心裁，选取夜间作背景，歌咏江南山水胜地另一种人们不大注意的美。这是它在取材、构思上的一个显著特点。

"凉月如眉挂柳湾"：一弯如眉的新月，映射着清冷的黑暗，正低挂在水湾的柳梢上。首句写舟行所见岸边景色，"凉月"二字，既写出月色的秀朗，又点出春雨过后凉爽宜人的气候。"挂柳湾"，使人想象到月挂柳梢头，光泻兰溪，细绦弄影，溪月相映增辉的情景，富于清新之感。

"越中山色镜中看"，此句转写水色山影。是低头观看溪水，把兰溪山水写得极为飘逸迷人。"镜"，是喻溪水，并且暗示出月光的明洁，溪面的平静，水色的清澈。"山色镜中看"，描绘出越中一带水清如镜，两岸秀色尽映水底的美丽图景。那幽雅的兰溪山色，在溪水的倒影中，摇曳生姿，朦胧而缥缈，使人如坠入仙境一般。浙江一带古为越国之地，故称"越中"。句内"中"字复迭，既增添了民歌的咏叹风味，又传递出夜间行舟时于水中一边观赏景色，一边即景歌唱的怡然自得的情趣。

"兰溪三月桃花雨，半夜鲤鱼来上滩"。南方二三月间桃花开时，每有绵绵春雨。一连三天的春雨，溪水猛涨，鱼群联翩而来。"桃花雨"不仅明示季节，更见美景快情：溪景诚然至美，然而对于泛舟溪上的渔人来说，最大的乐趣还在春潮鱼汛。春水，鱼抢新水，调皮地涌上溪头浅滩，拔鳍摆尾，啪啪蹦跳，看到这种情景，怎不使人从心底漾起欢乐之情！

这首诗，从头到尾没有写到"人"，也没有写到"情"，而读来却使人感到景中有人，景中有情。诗人将山水的明丽动人，月色的清爽皎洁，渔民的欣快欢畅，淋漓尽致地展现在明澈秀丽的花卷中，读后给人以如临其境的美感. 从诗的结构看，前两句是静景，后两句是动景，结句尤为生动传神，一笔勾勒，使整个画面活了，使人感到美好的兰溪山水充满蓬勃生机，是全诗最精彩的点睛之笔。诗歌描写了春夜兰溪江边的山水景色和渔民捕鱼的心态。前两句是写月光下的月、树、河湾和倒映在水中的山。一个"凉"字，令人觉得春寒犹在，一个"镜"字，使人感到月夜的静寂。诗句写得纤丽、秀气，出自文人笔下。三、四两句给人的感觉则全然不同，像是引用了民间流传的物候语，朗朗上口，朴实无华，又令人难以置信地叙述一个事实：春雨一下，兰溪江的鱼就多起来了。上下两联诗句文笔虽然不同,却也协调地组合了一幅春夜江边休闲式的捕鱼图,表达了作者对兰溪春潮鱼汛的喜爱赞美。

作者掠影

戴叔伦(732~789),唐代中期著名的诗人,字幼公,润州金坛(今属江苏)人。祖父戴修誉,父亲戴脊用,都是终生隐居不仕的士人。年少时拜著名的学者萧颖士为师。他博闻强记,聪慧过人,"诸子百家过目不忘",是萧门弟子中出类拔萃的学生。大历元年(766年),戴叔伦得到户部尚书充诸道盐铁使刘晏赏识,在其幕下任职。大历三年,由刘晏推荐,任湖南转运留后。此后,曾任涪州督赋、抚州刺史,以及广西容州刺史,加御史中丞,官至容管经略使。他在任期间,政绩卓著,是个出色的地方官吏。晚年上表自请为道士。

戴叔伦的诗,体裁形式多样:五言七言,古体近体,皆有佳作。题材内容也十分丰富:有反映战乱中社会现实的,有揭露昏暗丑恶世道的,有同情民生疾苦的,有慨叹羁旅离愁的,也有描绘田园风光的……而在他的诸多诗篇中,最有价值、最富有社会意义的,还应该说是那些反映社会现实的作品,如《女耕田行》《屯田词》等。

戴叔伦给后人留下了颇为有名的论诗名言,如"蓝田日暖,良玉生烟,可望而不可置于眉睫之前也",这对宋明以后的神韵派和性灵派诗人产生过较大的影响。

延伸阅读

戴叔伦的贡献和成就

戴叔伦小时候跟随身为学者的父亲刻苦攻读,稍大一点便拜著名文学家萧颖士为老师。他记性好,悟性高,"诸子百家过目不忘"。安史之乱爆发后的第二年,他随亲友逃难到江西鄱阳。一路上哀鸿遍野的惨景,引起他心弦的极大震颤,促使他写下了许多现实主义诗篇。

由于他施行"均水法"而削除了权贵豪富的部分特权,遭到抚州豪强奸佞的诬陷而蒙冤下狱。因士民竭力保释,才得出狱归隐家乡。一年后又被唐德宗诏为广西容州刺史。戴叔伦抱着济时之志,为民操劳,又无端遭诬加害。到此时,他已经是一身染病,满心创伤了,却还要远涉他乡,漂泊为官。

尽管朝廷对他又加封了"御史中丞""容管经略史"等头衔，他实在已力不从心了。这年4月，他向朝廷请求让他归隐道观，6月13日在返回家乡的途中客死在成都北面的清远峡。第二年正月安葬于家乡金坛城南郊。后人曾为他建立了"诗伯夜台"（即大诗人之墓）碑。有《戴叔伦诗集》传世。他的诗现实意义很强，抒情婉转真挚，词清句丽。他主张"诗家之景，如蓝田日暖，良玉生烟，可望而不可置于眉睫之前也"，强调诗应该有余味远韵，这对后来神韵派的理论有很大的影响。

戴叔伦是我国唐代著名诗人，也是一位勤政廉洁、爱国爱民的清官，史称他"清明仁恕，民乐其治，所至称最"，被皇帝封为谯县男，加金冠紫袍，并御赐诗，对戴叔伦给予了高度的褒奖。他从政之地的百姓为纪念他，在他离任后都为他刻碑立传、歌功颂德，甚至把他的碑立到孔庙里，与孔子一同礼拜。以他的名字命名了山、河、湖、桥乃至县名并一直沿用至今。戴叔伦的诗名尤重，位于"唐才子传"中十大才子之列，甚至被誉为诗伯。他的书法也为后人所称道，"笔画疏瘦，婉丽劲疾，不在唐诸子之下。"

考试链接

1. "越中山色镜中看"中的"镜中看"三字极有韵味，它启发读者去想象兰溪山水的美妙景致，请把这种美妙景致描述出来。

2. "半夜鲤鱼来上滩"一句极为精彩传神，营造出优美灵活的意境，是全诗的点睛之笔，请作简要赏析。

3. 整首诗，从头至尾没有写到"人"，也没有写到"情"，而读来使人感到景中有人，景中有情。诗中的人是怎样的形象？情是怎样的情？

编注者：卢潘红

【参考答案】
1. 溪水清澈，平静如镜，一弯新月悬挂柳湾，清凉的月光流泻而出，一切都和群山倒映在兰溪之中，摇曳生姿，朦胧飘渺。
2. 鱼抢春水，涌上溪滩，噼啪蹦跳，景致充满了动态美感，与上面的静景相呼应，使人产生愉悦之情。
3. 写出渔民欣快欢畅之情，整个画面使人感到兰溪山水充满着蓬勃生机。

［清］ 梅清 《仿古山水》（之五）

八 阵 图①

[唐] 杜甫

功盖②三分国③，

名成八阵图。

江流石不转④，

遗恨失吞吴⑤。

注释

①八阵图：由八种阵势组成的图形，用来操练军队
　或作战。

②盖：超过。

③三分国：指三国时魏、蜀、吴三国。

④石不转：指涨水时，八阵图的石块仍然不动。

⑤失吞吴：是吞吴失策的意思。

古诗今读

　　三国鼎立，孔明的功勋最为卓著，他创制的八卦阵，更是名扬千古。

　　任凭江流冲击，石头却依然如故，千年遗恨，在于刘备失策想吞吴。

赏析要点

　　怀古诗是人与历史的对话。杜甫入蜀之后，对诸葛亮的济世之才情有独钟，这是他到夔州（今重庆市奉节县）不久，就诸葛亮遗迹所作的一首怀古诗，写于大历元年（766 年）。

　　"功盖三分国，名成八阵图"两句赞颂诸葛亮的丰功伟绩。第一句是从总的方面写，说诸葛亮在确立魏蜀吴三分天下、鼎足而立局势的过程中，功绩最为卓绝。三国并存局面的形成，固然有许多因素，而诸葛亮辅助刘备从无到有地创建蜀国基业，应该说就是重要原因之一。杜甫这一高度概括的赞语，客观地反映了三国时代的历史真实。第二句是从具体的方面来写，说诸葛亮创制八阵图使他声名更加卓著。对这一点古人曾屡加称颂，如成都武侯祠中的碑刻就写道："一统经纶志未酬，布阵有图诚妙略。""江上阵图犹布列，蜀中相业有辉光。"而杜甫的这句诗则是更集中、更凝练地赞颂了诸葛亮的军事业绩。

"江流石不转，遗恨失吞吴。"这两句就"八阵图"的遗址抒发感慨。"八阵图"遗址在夔州西南永安宫前平沙上。据《荆州图副》和刘禹锡《嘉话录》记载，这里的八阵图聚细石成堆，高五尺，六十围，纵横棋布，排列为六十四堆，始终保持原来的样子不变，即使夏天被大水冲击淹没，等到冬季水落平川，万物都失故态，唯独八阵图的石堆却依然如旧，六百年来岿然不动。前一句极精炼地写出了遗迹这一富有神奇色彩的特征。"石不转"，化用了《诗经·国风·邶风·柏舟》中的诗句"我心匪石，不可转也"。在作者看来，这种神奇色彩和诸葛亮的精神心志有内在的联系：他对蜀汉政权和统一大业忠贞不贰，矢志不移，如磐石之不可动摇。同时，这散而复聚、长年不变的八阵图石堆的存在，似乎又是诸葛亮对自己赍志以殁表示惋惜、遗憾的象征，所以杜甫紧接着写的最后一句是"遗恨失吞吴"，说刘备吞吴失计，破坏了诸葛亮联吴抗曹的根本策略，以致统一大业中途夭折，而成了千古遗恨。

作者掠影

杜甫（712～770），唐代伟大的现实主义诗人，字子美，自号少陵野老，世称"杜工部""杜少陵"等，汉族，河南府巩县（今河南省巩义市）人，杜甫被世人尊为"诗圣"，其诗被称为"诗史"。杜甫与李白合称"李杜"，为了跟另外两位诗人李商隐与杜牧即"小李杜"区别开来，杜甫与李白又合称"大李杜"。他忧国忧民，人格高尚，他的约1400余首诗被保留了下来，诗艺精湛，在中国古典诗歌中备受推崇，影响深远。759～766年间曾居成都，后世建有杜甫草堂。

八阵图的来历

诸葛孔明未出茅庐三分天下，这就是著名的"隆中对"，核心的战略思想便是"联吴抗曹"。因为曹操统一了北方，实力雄厚，孙权或者刘备任何一家单独对抗曹操都不可能有胜算，只有孙刘联合才能维持稳定的政治局面，最典型的例子便是"赤壁之战"，孙刘联合，利用火攻，将曹操打败，使曹操再不敢觊觎江东。

可是东吴的吕蒙，"白衣渡江"偷袭了刘备的荆州，并且将刘备的结义兄弟关羽杀害。打破了平衡，刘备不听诸葛亮的劝告，执意出兵征讨东吴，为二弟报仇。结果"猇亭之役"被东吴的陆逊火烧连营七百里，刘备退守白帝城。

陆逊追讨刘备，在夔州被"八阵图"挡住了去路，原来刘备带领军队入蜀之时，孔明便摆下了"八阵图"。八阵图是由天、地、风、云、龙、虎、鸟、蛇8种阵势构成的战阵，在长江滩上聚石为兵，纵横棋布为64个石堆，作用却相当于十万雄兵。陆逊领兵到此，果然被拒，只得默默退兵。

刘备病死白帝城，托孤诸葛亮，诸葛孔明便重新与东吴修好，共同抗曹，然后便有了"六出祁山""五丈原襄星"，最后诸葛亮含恨病死五丈原。

诸葛亮给后人留下了很多遗产，《诫子书》《出师表》……是精神遗产，"八阵图"便是物质遗产。

1. 功盖三分国，指的是那三国？
2. 江流石不转，指的是石头坚硬吗？
3. 遗恨失吞吴，是诸葛亮的本意吗？

编注者：冯 闯

【参考答案】

1. 魏、蜀、吴，诸葛亮未出茅庐而三分天下，曹操"挟天子"以令诸侯占天时，孙权有长江天险占地利，刘备兴仁义之师占人和。
2. 不是！指的是诸葛亮的八阵图的摆放结构不变，即使再大的江流河水，只要退却后，八阵图又重新显现出来，摆放结构依然。
3. 不是！要想维持军事的平衡，必须联吴抗曹，吞吴是刘备一时的冲动，并非诸葛亮的本意。

〔明〕 陈洪绶 《春风蛱蝶卷》（局部）

江畔独步独步①寻花（其六）

[唐] 杜甫

黄四娘②家花满蹊③，

千朵万朵压枝低。

留连④戏蝶时时舞，

自在娇⑤莺恰恰⑥啼。

注释

①独步：一个人散步或走路。

②黄四娘：杜甫住成都草堂时的邻居。

③蹊（xī）：小路。

④留连：即留恋，舍不得离去。

⑤娇：可爱的。

⑥恰恰：象声词，形容鸟叫声音和谐动听。

古诗今读

　　黄四娘家花儿茂盛把小路遮蔽，万千花朵压弯枝条离地面很低。眷恋芬芳花间彩蝶时时在飞舞，自由自在娇软黄莺恰恰欢声啼。

赏析要点

　　唐肃宗上元元年（760年），诗人杜甫在饱经离乱之后，寓居四川成都，在西郊浣花溪畔建成草堂，暂时有了安身的处所，心情比较舒畅。春暖花开时节，他独自在江畔散步赏花，写下了《江畔独步寻花》一组七首绝句，这是其中的第六首。

　　首句"黄四娘家花满蹊"：点明寻花的地点。"蹊"是小路。"花满蹊"是说繁花将小路都盖住了，连成片了。次句"千朵万朵压枝低":"千朵万朵"形容数量之多。"压枝低"中的"压"和"低"两个字用得十分贴切、生动,形象地描绘了春花密密层层,又大又多,沉甸甸地把枝条都压弯了。这句是上句"满"字的具体化。第三句"留连戏蝶时时舞":"留连"是形容蝴蝶飞来飞去舍不得离开的样子。这句从侧面写出春花的鲜艳芬芳。其实诗人也被万紫千红的春花所吸引而流连忘返。第四句"自在娇莺恰恰啼":"娇"是形容莺歌柔美圆润。"恰恰啼"是说正当诗人前来赏花时,黄莺也在鸣叫。只因为诗人内心欢愉,所以想当然地认为黄莺特意为自己歌唱。这与上句说彩蝶流连春花一样,都是移情于物的手法。由于诗人成功地运用了这一手法,使物我交融、情景相生,这首小诗读起来就更亲切有味。

作者掠影

杜甫(712~770),唐代伟大的现实主义诗人,字子美,自号少陵野老,世称"杜工部""杜少陵"等,河南府巩县(今河南省巩义市)人,杜甫被世人尊为"诗圣",其诗被称为"诗史"。杜甫与李白合称"李杜",为了跟另外两位诗人李商隐与杜牧即"小李杜"区别开来,杜甫与李白又合称"大李杜"。他忧国忧民,人格高尚,他保留下来的诗大约有 1400 余首,诗艺精湛,在中国古典诗歌中备受推崇,影响深远。

延伸阅读

《江畔独步寻花》系列组诗

《江畔独步寻花》是唐代大诗人杜甫创作的组诗作品,共七首。春暖花开的时节,杜甫本想寻伴同游赏花,未能寻到,只好独自在成都锦江江畔散步,每经历一处,写一处;写一处,又换一意;一连成诗七首,共成一个体系,同时每首诗又自成章法。这组诗,第一首写独步寻花的原因从恼花写起,颇为突兀,见出手不凡。第二首写行至江滨见繁花之多,忽曰怕春,语极奇异,实际上是反语见意。第三首写某些人家的花,红白耀眼,应接不暇。第四首则写遥望少城之花,想象其花之盛与人之乐。第五首写黄师塔前之桃花,第六首写黄四娘家尽是花,第七首总结赏花、爱花、惜花。这组诗脉络清楚,层次井然,是一幅独步寻花图。它表现了杜甫对花的惜爱、在美好生活中的流连和对美好事物常在的希望。

这组诗，每首都紧扣着寻花题意来写，每首都有花。第一首起句的"江上被花恼不彻"和最后一首的"不是看花即欲死"遥相呼应，真如常山蛇，扣首则尾应，扣尾则首应，而其中各首都抓绘着赏花、看花，贯串到底。

江畔独步寻花

其一

江上被花恼不彻，无处告诉只颠狂。
走觅南邻爱酒伴，经旬出饮独空床。

其二

稠花乱蕊畏江滨，行步欹危实怕春。
诗酒尚堪驱使在，未须料理白头人。

其三

江深竹静两三家，多事红花映白花。
报答春光知有处，应须美酒送生涯。

其四

东望少城花满烟，百花高楼更可怜。
谁能载酒开金盏，唤取佳人舞绣筵。

其五

黄师塔前江水东，春光懒困倚微风。
桃花一簇开无主，可爱深红爱浅红？

其六

黄四娘家花满蹊，千朵万朵压枝低。
留连戏蝶时时舞，自在娇莺恰恰啼。

其七

不是爱花即肯死，只恐花尽老相催。
繁枝容易纷纷落，嫩蕊商量细细开。

考试链接

1. "留连戏蝶时时舞，自在娇莺恰恰啼"的意思是_____。诗人写"戏蝶""娇莺"是为了突出_____。

2. 诗中哪两个字写出了花的繁盛？

3. 第三句中"留连"改为"翻飞"好不好？为什么？

编注者：郭艳霞

【参考答案】

1. 舍不得离开花间的彩蝶不停飞舞，自由自在，娇媚的黄莺啼叫声和谐，动听。诗人轻松愉快的心情。
2. 满　压
3. 不好。"翻飞"只写出了蝴蝶嬉戏花间的情状，而"留连"不仅写出蝴蝶留恋花间的情景，还流露出诗人对花的喜爱之情，做到情景交融。

声韵训练

《声律启蒙》的一东：

三尺剑，六钧弓。岭北对江东。人间清暑殿，天上广寒宫。

颜巷陋，阮（ruǎn）途穷。冀北对辽东。池中濯（zhuó）足水，门外打头风。

天浩浩，日融融。佩剑对弯弓。半溪流水绿，千树落花红。

《笠翁对韵》的一东：

雷隐隐，雾蒙蒙。日下对天中。风高秋月白，雨霁晚霞红。

云叆（ài）叇（dài），日曈曚（méng）。蜡屐对渔篷。过天星似箭，吐魄月如弓。

清暑殿，广寒宫。拾翠对题红。庄周梦化蝶，吕望兆飞熊。

［明］ 诸念修 《山水》

四时①田园②杂兴③（其二）

[宋] 范成大

梅子④金黄杏子肥，

麦花⑤雪白菜花⑥稀。

日长篱落⑦无人过，

惟有蜻蜓蛱蝶⑧飞。

注释

①四时：指春夏秋冬。

②田园：这里泛指农村。

③杂兴：随兴写来，没有固定题材的诗篇。兴，兴致，兴趣，引申为即兴创作，这里指即兴创作的作品。

④梅子：梅树的果实，夏季成熟，可以吃。

⑤麦花：荞麦花。荞麦是一种粮食作物，春秋都可以播种，生长期很短。花为白色或淡红色，果实磨成粉供食用。

⑥菜花：指油菜花。鲜黄色，农历四五月间落花结子，所以说"稀"。

⑦篱落：篱笆。用竹子或树枝编成的用来保护院子的一种设施。

⑧蛱（jiá）蝶：蝴蝶。

古诗今读

一树树梅子快要成熟了，变成了金黄色，杏子也越长越大，骨肉肥厚；荞麦花正开得灿烂，一片雪白，油菜花这时却是稀稀落落。白天变长了，农民忙着在地里干活，中午也不回家，门前没有人走动，一片宁静；只有蜻蜓和蝴蝶绕着篱笆飞来飞去。

这首诗写初夏江南的田园景色。诗中用梅子黄、杏子肥、麦花白、菜花稀等典型意象，建构了夏季南方农居图，瓜果飘香，色彩绚丽。前两句写出梅黄麦白，杏肥菜稀，色彩鲜丽，对比鲜明，让人一眼瞥见顿生欢喜，把农村生机勃勃，生意盎然的景象写得生动传神。诗的三四两句"日长篱落无人过，唯有蜻蜓蛱蝶飞"则以动衬静，寂静的庭院篱落，只有蜻蜓在翻飞，静中有动，显得更静；从侧面写出了农村的夏季农民劳动的情况：初夏农事正忙，农民早出晚归，所以白天很少见到人行走在庭院。整首诗，诗人用笔调清新，丝毫不觉农村初夏时的紧张劳动气氛，反而让我们体会到了乡村的恬静、优美及自然之趣。

《四时田园杂兴》共六十首，描写农村春、夏、秋、冬四个季节的景色和农民的生活，同时也反映了农民生活的困苦。四时田园杂兴即从一年四季的田园风光引发的各种即兴作品。《四时田园杂兴》组诗为孝宗淳熙十三年（1186）年范成大在石湖养病时开始创作，"野外即事，辄书一绝，终岁得六十篇"，并分"春日""晚春""夏日"秋日"冬日"五组，各十二首。钱钟书《宋诗选注》评价这些田园诗为"中国古代田园诗的集大成"。

范成大（1126～1193），南宋诗人。字致能，自号石湖居士。平江吴郡（郡治在今苏州）人。谥文穆。从江西派入手，后学习中、晚唐诗，继承了白居易、王建、张籍等诗人和新乐府的现实主义精神，终于自成一家。风格平易浅显、清新妩媚。诗题材广泛，以反映农村社会生活内容的作品成就最高。反映农村生活的作品是《四时田园杂兴》，共有60首，描写了春夏秋冬四季的农村生活，四季分别有12首。他与杨万里、陆游、尤袤合称南宋"中兴四大诗人"。有《石湖诗集》。元末明初，他的《四时田园杂兴》已经公认为经典作品。

范成大与《揽辔录》

范成大是南宋时期的著名诗人和政治家，他才华横溢，与尤袤、杨万里、陆游齐名，号称"中兴四大诗人"。其诗风格平易浅显、清新妩媚，以反映南方农村社会生活内容的作品成就最高。一个上进的人，不会永远沉醉在自己的精神世界里。范成大也是这样。眼见南宋朝廷偏安一隅，失去恢复中原的决心，他一度痛心不已。宋孝宗登基后，锐意进取，一度出现中兴局面，范成大便时时想着为国效力。

宋孝宗的最大心愿，就是希望金朝归还祖宗的陵寝。原来，公元 1127 年，金国灭亡北宋，将宋徽宗、宋钦宗俘虏北去，两人均死在漠北。宋高宗赵构南下建立宋朝，史称南宋。

公元 1170 年农历闰五月，宋孝宗拟派国信使出使金国，索取先朝陵寝。右丞相虞允文推荐大臣李焘、范成大二人同行。可是，李焘和当时大多数大臣一样，怕金人怕得像老虎，哪敢去送死？一贯正直的范成大明知山有虎，偏向虎山行，慷慨请行。后来，诗人罗大经闻听此事，作诗表达对这位同行的钦佩："万里孤臣致命秋，此身何止一沤浮。提携汉节同生死，休问羚羊解乳不。"

诗人范成大北行，其实有两个原因。一是心中挂念北方的遗民。他诗中的南方田园清静而恬适，北方金国统治下的汉人生活得如何呢？这是他一直惦念的问题。第二，他希望亲自考察金国的地理、民俗、文物等情况，整理成册，为后人统一中原作参考。

带着压抑、悲怆而又激动的心情，资政殿大学兼国信使范成大上路了。

北游每一天都让他伤感、心碎。在河南地区的东京汴梁城（今河南开封，北宋的国都），昔日繁华的都市，如今长满荒草；人潮如织的大相国寺，如今残垣破壁，布满蛛网；百姓见面，第一句问的就是宋朝军队还会回来吗……心痛之余，范成大写成著名的《州桥》："州桥南北是天街，父老年年等驾回。忍泪失声询使者，几时真有六军来？"

在河北地区，由于沦陷很久，当地的百姓大多胡化，有的秃顶辫子很长，有的穿着胡人衣服。看到范成大后，年轻人哭着喊着"华夏人来了，华夏人来了"，而老头老太婆们则跪在地上，含泪问南宋军队何时光复中原……

"我一定要把这些见闻写下来！"范成大对自己说，"不只是交给朝廷，更重要是为了百姓。"

公元 1170 年农历九月，范成大历尽艰辛，回到临安。同时带回的，除了一堆北行"日记"书稿外，还有金世宗的敕命——虽然不归还前朝皇帝的陵寝，但同意归还宋钦宗的梓宫，也算不辱使命。按规定，宋朝使臣出使他国，都要写"日记"，记录沿途，尤其是对方国土内所见、所闻情况，包括山川、河流、道路、桥梁、驿站、物产、居民、城池等等。其中大部分为地理内容。这些"日记"都要上交朝廷。范成大没有急着上交作业，而是让人先把这堆"日记"录了一个副本，然后花两个月时间，含泪完成一部对后世影响甚大的"北游记"——《揽辔录》。该书，详细记载了从宋、金分界线的泗州，到金国统治中心中都的全部行程及沿途所见，而书中记载金国中都官殿布局的部分，堪称古代建设学的代表作品之一。因此，该书对于后世研究金国历史地理、典章文物、建筑艺术等大有裨益。与其他地理学著作不同的是，《揽辔录》不但文采斐然，而且作者把真情实感融入文字当中。用现代人的说法就是，此书既是科普读物，也是文学精品。比如，写东京汴梁城的残破，"凡东京一门一楼，皆罗列其旧名与虏改之新名，而新宋门内，弥望悉荒墟"；大相国寺里，"倾檐缺吻，无复旧观"……一读就会触景生情，仿佛回到当时。而写河北地区的百姓，"男子髡顶，村落间多不复巾，蓬辫如鬼，而父老遗黎往往垂涕嗟啧，指使人云：'此中华佛国人也。'老妪跪拜者尤多……"凡有心之人，读到这里，莫不黯然神伤。

考试链接

1. 诗中用梅子黄、_____、_____、菜花稀，写出了夏季南方农村景物的特点，有花有果，有色有形。

2. 侧面烘托是诗歌常见的表现手法，请从这一角度赏析"惟有蜻蜓蛱蝶飞"一句。

编注者：李宏发

【参考答案】

1. 杏子肥　麦花白
2. 因为初夏农事正忙，农民早出晚归，所以村中白天很少见到行人。"惟有蜻蜓蛱蝶飞"衬托出了村中的寂静。静中有动，显得更静。

〔明〕 诸念修 《山水》

秋浦①歌（其十四）

[唐] 李白

炉火②照天地，

红星乱紫烟。

赧郎③明月夜，

歌曲动寒川。

注释

①秋浦：县名，唐时先属宣州，后属池州，在今安徽省池州市贵池区。秋浦因流经县城之西的秋浦河得名。

②炉火：指炼铜之炉火。唐代，秋浦乃产铜之地。

③赧郎：红脸汉。此指炼铜工人。赧：原指因羞愧而脸红，此指脸被炉火所映红。

古诗今读

炉火照彻天地，紫烟中红星乱闪。炼铜工人在明月之夜，一边唱歌一边劳动，他们的歌声响彻了寒峭的山谷。

赏析要点

秋浦，在今安徽省池州市贵池区西，是唐代银和铜的产地之一。大约天宝十二年（753年），李白漫游到此，写了组诗《秋浦歌》。本篇是其中第十四首。

这是一首正面描写和歌颂冶炼工人的诗歌，在我国浩如烟海的古典诗歌中较为罕见，因而极为可贵。"炉火照天地，红星乱紫烟"，诗一开头，便呈现出一幅色调明亮、气氛热烈的冶炼场景：炉火熊熊燃烧，红星四溅，紫烟蒸腾，广袤的天地被红彤彤的炉火照得通明。诗人用了"照""乱"两个看似平常的字眼，但一经炼入诗句，便使冶炼的场面卓然生辉。透过这生动景象，不难感受到诗人那种新奇、兴奋、惊叹之情。

接着两句"赧郎明月夜，歌曲动寒川"，转入对冶炼工人形象的描绘。诗人以粗犷的线条，略加勾勒，冶炼工人雄伟健壮的形象便跃然纸上。"赧郎"二字用词新颖，颇耐寻味。"赧"，原指因害羞而脸红；这里是指炉火映红人脸。从"赧郎"二字，可以联想到他们健美强壮的体魄和勤劳、朴实、热情、豪爽、乐观的性格。结句"歌曲动寒川"，关合了上句对人物形象的塑造。冶炼工人一边劳动，一边歌唱，那嘹亮的歌声使寒冷的河水都荡漾起来了。他们唱的什么歌？诗人未加明点，读者可以做各式各样的补充和联想；歌声果真把寒川激荡了吗？当然不会，这是诗人的独特感受，是夸张之笔，却极为传神。如果说，"赧郎"句只是描绘了明月、炉火交映下冶炼工人的面部肖像，那么，这一句则揭示出他们的内心世界，他们丰富的情感和优美的情操，字里行间饱含着诗人的赞美歌颂之情。

这是一幅瑰玮壮观的秋夜冶炼图。在诗人神奇的画笔下，光、热、声、色交织辉映，明与暗、冷与热、动与静烘托映衬，鲜明、生动地表现了火热的劳动场景，酣畅淋漓地塑造了古代冶炼工人的形象，确是古代诗歌宝库中放射异彩的艺术珍品。

这首诗是诗人李白接触下层社会、了解和同情劳动人民后所创作的一首古代工业劳动的赞歌。在我国卷帙浩繁的诗歌中，如此热情地对冶矿工人的劳动进行赞美，并不多见。唯其如此，才更显示出它的难能可贵之处。正如郭沫若同志在《李白与杜甫》一文中所说："歌颂冶矿工人的诗不仅在李白诗歌中是唯一的一首，在中国古代诗歌中恐怕也是唯一的一首吧？"

作者掠影

李白（701～762），唐代最伟大的浪漫主义诗人。字太白，号青莲居士。有"诗仙"之美誉，与杜甫并称"李杜"。籍陇西成纪（待考），出生于西域碎叶城，4岁随父迁至剑南道绵州。存世诗文千余篇，其墓在今安徽当涂，四川江油、湖北安陆有纪念馆。有《李太白集》30卷。

寻觅先贤的足迹——李白的江油

韩作荣

江油是一座小城，其声名远播，是因为李白的缘故。一座城市、一处建筑，因名家的诗文而名垂千古、家喻户晓，已屡见不鲜。如范仲淹的《岳阳楼记》，王勃的《滕王阁序》，崔颢的黄鹤楼题诗，均如是。而李白，和屈原一样被列为世界文化名人，其故里江油，无疑是天才的哺育地，光芒的源头。难怪明代李贽在评论李白时会说其"生之处亦荣，死之处亦荣，流之处亦荣，囚之处亦荣"了。

在江油，你会感到这里的山川风物、民风习俗似乎都被李白的诗魂所浸透。青莲乡的陇西院被称为李白的出生地，这地处盘江边的平坝曾长满茂密的芭茅，传说诗人幼时曾在此放羊……

江油，关于李白的民间传说颇多，从其母食红鲤而生白，到老婆婆铁杵磨针，乃至诗镇石牛、井洗笔砚，勇斗白龙、匡山习剑等等，都和诗人的"谪仙"之名相符，亦充满了故乡人对李白的尊崇与热爱……

李白二十余岁时离蜀，去仗剑远游。但李白毕竟在蜀乡长大，蜀人之聪慧、蜀地的青山碧水、天梯栈道，都会给他心灵以滋泽……巴蜀多奇诡之才，多孤傲之士，锦官城又是销金纵酒重感官享乐之地，这个"尔来四万八千岁，不与秦塞通人烟"的所在，给了他充分张扬个性的空间……终成为"痛饮狂歌空度日，飞扬跋扈为谁雄"的狂客，"笔落惊风雨，诗成泣鬼神"的诗仙。

也许与诗人了无羁绊的狂放性格有关，也许与异域文化的精神陶冶和任侠、老庄、魏晋玄学的影响有关，或许与包容古今万物的盛唐时代有关，这位"凤歌笑孔丘"的诗人，活得潇洒自然，诗也奔放不羁，极少写受格律束缚的律诗，而擅乐府。古人论诗，多论比兴，并不倡诗中言事。可李白诗中的一个特点都是言事。目前当代诗人的新诗在厌烦了抒情、象征、意象的经营之后，也已回归了晓畅明白，喜叙述和细节的捕捉了。这让我想起了李白的"美人卷珠帘，深坐颦蛾眉，但见泪痕湿，不知心恨谁。"看来，一千三百余年前的诗人在单纯、透彻以及细节的叙述中已为今天诗人的探索提供了典范。当然，李白的诗更多的是呈现豪迈洒脱、进取飘逸的积极浪漫主义作品……

李白逝世已经一千三百多年了，今天，人们不仅仍能在诗中感受那不竭的艺术魅力、盛唐精神与诗人的人性追求，在李白的故里，人们还能看到哺养这位天才诗人的灵山秀水及其独有的地域文化，也能领略至今尚存的一些诗的语境。在江油，人们仰望环宇，追思诗魂，月球上有用他的名字命名的山脉，地球上有用他的名字命名的"太白号"旅游列车；而李白纪念馆、太白碑林、太白公园等，亦已建成或在规划待建之中。江油这一小城，到处都有李白的遗迹，到处都有李白的诗文，到处都有李白的传说，看来江油，应当称之为李白的江油。

考试链接

1. "炉火照天地，红星乱紫烟"，通过"照""乱"这两个字，你体会到什么？品味作者的用词之妙。

2. "赧郎明月夜，歌曲动寒川"这句诗，表达了作者什么样的思想感情？

编注者：周　容

【参考答案】

1. 诗人用了"照""乱"两个看似平常的字眼，但一经炼入诗句，便使冶炼的场面卓然生辉。透过生动景象，不难感受到诗人那种新奇、兴奋、惊叹之情。

2. 这一句则揭示出冶炼工人们的内心世界，他们丰富的情感和优美的情操，字里行间饱含着诗人的赞美歌颂之情。

［清］ 禹之鼎 《移居图卷》（局部）

南园①十三首（其五）

[唐] 李贺

男儿何不带吴钩②，

收取关山五十州③。

请君暂上凌烟阁④，

若个书生万户侯？

注释

①南园：昌谷南园为李贺读书处。其《南园》组诗十三首，写当地景物和杂感，此为第五首。

②吴钩：吴地出产的弯形的刀，此处指宝刀。

③关山五十州：指当时藩镇割据、中央不能掌管的地区。《通鉴·唐纪》载唐宪宗元和七年李绛云："今法令所不能制者，河南北五十余州。"

④凌烟阁：在长安。唐太宗贞观十七年（643年）年画开国功臣二十四人于凌烟阁。

古诗今读

身为男子为什么不跨上骏马，手执军刀，奔赴疆场，建功立业，收复关山呢？

请你且登上那画有开国功臣的凌烟阁去看，又有哪一个书生曾被封为食邑万户的列侯？

赏析要点

这首诗是作者写于元和八年（公元813年）诗人应进士试受挫回到昌谷。南园为李贺读书的地方。此诗是南园十三首中的第五首。当时经安史之乱后，藩镇割据，时局动荡。朝廷连年征讨，形成轻文尚武的风气。面对黄河南北五十州的分裂局面，诗人李贺内心感到痛苦，酣畅的表达，流露真情，渴望自己也能建功立业。

起句反问、自问，含有"中国男儿"的爱国豪情。"带吴钩"指身佩军刀，奔赴疆场，那气概多么豪迈！紧连次句"收取关山五十州"，写出了作者心中的梦想与决心，气势磅礴，动人心魄。"收取关山"是作者想从军的目的，国家飘摇，百姓痛苦，诗人怎能甘心闲居乡间，无所作为？"取"字，生动地表达了诗人急切的救国愿望。李贺向往征战沙场，从而建功立业，报效国祖国。这两句，充满豪情，一气呵成，节奏明快，写出了诗人的紧迫的心情，也突出了作者的爱国深情。

"请君暂上凌烟阁，若个书生万户侯？"诗人写道：请你且登上那画有开国功臣的凌烟阁去看，封侯拜相，绘像凌烟阁的，哪有一个是书生出身？诗人不用陈述句式而用反问，遗憾与无奈占据心中。这是诗人想从反面衬托投笔从戎的必要性，进而抒发报国无门的愤懑之情。

由激扬转入沉郁哀怨与愤懑，起伏的节奏，反衬的笔法，峻急而又回荡。读者的内心随诗人的感受而变化。诗人还把自己复杂的情感融入诗歌的节奏中，使读者从节奏的旋律中加深对主题的理解和感悟。

作者掠影

李贺（约 791～约 817），中唐的浪漫主义诗人，字长吉，唐代河南福昌（今河南洛阳宜阳县）人，家居福昌的昌谷，后世称李昌谷，是唐宗室郑王李亮的后裔。他的诗想象丰富奇特，语言奇峭瑰丽。还常用神话传说来托古寓今，或讽或叹，变化多样，后人常称他为"鬼才""诗鬼"，创作的诗文被称为"鬼仙之辞"。因长期的伤感沉郁，焦思苦吟，元和八年（813 年）因病辞去奉礼郎回昌谷，时年 27 岁，英年早逝。

延伸阅读

命运相似的两位悲情诗人

李贺的诗歌历来为人称道，他的诗歌想象神奇、旖旎，刻意锤炼语言，奇峭凝练。与他先后出生的诗人李商隐最喜欢李贺的诗歌创作方法，李商隐的创作风格明显地受到了李贺的影响，这与他们相似的生活际遇有很大的关系。

李贺 27 岁即英年早逝，是一个富有才华而不幸短命的诗人。他出身于没落的皇族宗室，家境清寒，却不等同于社会底层的贫苦平民。李商隐主要生活在晚唐没落时期，家境寒微，少年时代，就要"拥书贩春"，养家糊口。日子过得比李贺要清苦的多。时代没有给他腾达飞黄的机遇，没有赏赐他高官厚禄。李商隐为了摆脱可怕的穷困，重振家门，实现抱负，痛苦地奋斗了一生！

中国古代有很多文人都处在这种上难登天、下难俯首的境况，李贺、李商隐两个人都以自己的皇族血统自傲，都那么才华横溢，又都那么性格耿直，就难免要经历很多挫折。而他们又都拥有满腔热情，托古寓今、抒情言志，相同的遭遇使他们诗歌创作就有了许多相似的地方。李贺和李商隐都是自小写诗出名，都对仕途积极追求，但都未能在仕途上有所成就。

李贺的诗歌上访天河、游月宫；下论古今、探鬼魅。他的笔下有许多精警、峻峭而独特的语言。其特殊风格确在于"奇诡"二字，不光是题材或语言的诡异，更主要的还在于诗歌构思的新奇、意境诡谲；换句话说，是用超越寻常思维的深幽的构想铸造新奇超俗的语言，以形成奇谲瑰丽的艺术境界。

李商隐的思想与李贺相比更复杂，他的诗写得"深情绵邈"（刘熙载语），"寄托深而措辞婉"（叶

燮语）。李商隐活了46岁，虽未英年早逝，但也不算是长命。有太多的人庸碌无为，却没有觉得悲哀，而诗人李商隐却流露出迷惘、孤独、无助。诗人要遭受怎样的打击才会有这样的心境？诗人有一颗爱国、自尊的心，他的痛，旁人无法体会。

考试链接

1. 这首诗的主旨是什么？
2. 这首诗在构思上有何特色？试做分析。

编注者：刘艳华

【参考答案】

1. 这首诗抒写了诗人决心投笔从戎，建功立业的壮志豪情，同时也表达了诗人仕进不得、怀才不遇的愤懑。
2. 这首诗由两个问句组成。第一个问句中含自励，表达了诗人"国家兴亡，匹夫有责"的豪情；第二个问句在泛问中含愤激，抒发了诗人怀旷世之才却不能为世所用的愤慨。问句的使用使全诗情感激越，气势峻急，增强了表现力和感染力。

［明］ 沈周 《盆菊图》（局部）

江 南 曲①

[唐] 李益

嫁得瞿塘贾②，

朝朝误妾③期。

早知潮有信④，

嫁与弄潮儿⑤。

注释

①江南曲：古代歌曲名。诗题《江南曲》原是乐府
《相和歌》的曲名，为《江南弄》七曲之一。这
是一首很有民歌色彩的拟乐府。

②瞿（qú）塘贾（gǔ）：在长江上游一带做买卖的
商人。瞿塘，指瞿塘峡，长江三峡之一。贾，商
人。

③妾：古代女子自称的谦辞。

④潮有信：潮水涨落有一定的时间，叫"潮信"。

⑤弄潮儿：潮水涨时戏水的人，或指潮水来时，乘
船入江的人。

古诗今读

我真悔恨嫁做瞿塘商人妇，他天天把相会的佳
期耽误。

早知潮水的涨落这么守信，还不如嫁一个弄潮
的丈夫。

赏析要点

这是一首写商妇候夫不归的闺怨诗。整首诗明
白如话，自始至终是一个商人妇自怨自艾，或是向
人诉说的口吻。诗中运笔自然，但内在的逻辑很严

密。思妇由夫婿"朝朝"失信，而想到潮水"朝朝"有信，进而生发出所嫁非人的悔恨，细腻地展示了由盼生怨、由怨生悔的内心矛盾。全诗感情真率，具有浓郁的民歌气息。

诗的前二句"嫁得瞿塘贾，朝朝误妾期。"以商妇口吻，道破夫外出经商，独守空闺的孤寂。后二句"早知潮有信，嫁与弄潮儿。"写商妇想入非非，悔不嫁个弄潮之人，能如潮守信。语言平实，不事雕饰，空闺苦，怨夫情，跃然纸上。看似轻薄荒唐，实则情真意切。

从"早知"二字，可见商妇并非妄想他就，而是望夫不至之痴情痴语：忽发奇想，忽出奇语，"早知潮水有信，悔不嫁给弄潮儿。"那凌波逐浪的弄潮健儿，该是随潮按时的来去，唯独自己远出经商的丈夫，却屡屡延误归期，让她多少次白白等待。"弄潮儿"至少会随着有信的潮水按时到来，不至于"朝朝误妾期"啊！她是仅仅取其如期而至这一点，并非对弄潮儿有特殊的好感，更不是真的要嫁给弄潮儿。之所以发以出人意料的奇语，这是思妇在万般无奈中生发出来的奇语，只是为了一吐长久的积怨，一泄所盼非人的悔恨。

思之切，恨之深，思、恨到了极点，便可能忽发天真之想，忽出痴人之语。这既是痴语，也是苦语，写出了思妇怨怅之极的心理状态，虽然是想入非非，却是发乎至情。这种基于爱怜的怨怅，源于相思的气话，尽显江南女子的娇嗔之态。

作者掠影

李益（746～829），唐代诗人，字君虞，祖籍凉州姑臧（今甘肃武威市凉州区），后迁河南郑州。大历四年（769年）进士，初任郑县尉，久不得升迁，建中四年（783年）登书判拔萃科。初因仕途失意，客游燕赵间，后官至礼部尚书。其诗音律和美，为当时乐工所传唱。长于七绝，以写边塞诗知名。以边塞诗作名世，擅长绝句，尤其工于七绝。今存《李益集》二卷，《李君虞诗集》二卷。

延伸阅读

李益与王昌龄

读着李益的闺怨和生平，让人不由想起另一个诗人王昌龄。两个人都是中唐时代诗人，都由最先写闺情宫怨再到边塞诗，都擅长七绝。但李益的边塞诗虽不乏壮词，但偏于感伤，主要抒写边地士卒久戍思归的怨望心情，却没有盛唐边塞诗的豪迈乐观情调。

王昌龄是盛唐时享有盛誉的一位诗人，其所作诗气势雄浑，格调高昂，表现了驰骋沙场、建立功勋的英雄壮志，抒发了慷慨从戎、抗敌御侮的爱国思想，还描写了西北边疆奇异壮丽的景色。同时也反映了征夫思妇的幽怨和战士的艰苦，各民族之间、将军和士卒之间的矛盾。

两人虽在诗作的气势、豪情不一，但两人都能窥破民心疾苦，同情女子，有着一颗温暖、善良的心。

考试链接

1. 对这首词赏析有误的一项是（　　）

A. 起句"嫁得瞿塘贾，朝朝误妾期。"以商妇口吻，道破夫外出经商，独守空闺的孤苦。

B. 全诗感情真率，具有浓郁的民歌气息。

C. "早知潮有信，嫁与弄潮儿。"写出商妇对夫君的埋怨，失望透顶并想另嫁他人。

2. 细读古诗，"瞿塘贾"真不如"弄潮儿"吗？妇人为什么会有这样的想法？

编注者：李玉芳

【参考答案】

1. C "嫁与弄潮儿"，这里既是痴语，也是苦语，写出了思妇怨怅之极的心理状态，虽然是想入非非，却是发乎至情。这种基于爱怜的怨怅，源于相思的气活。所以并非是真的想嫁与他人。

2. 首先答案是否定的，在这里诗人并没有这层意思。至于妇人为什么会想到"嫁与弄潮儿"是因为那凌波逐浪的弄潮健儿，是随潮按时的来去，可自己远出经商的丈夫，却屡屡延误归期，让她多少次白白等待。她仅仅取其如期而至这一点，并非对弄潮儿有特殊的好感，更非真的要嫁给弄潮儿。

柘溪草堂圖
□□□□□□
□□□
□□□□

［清］　吳宏　《柘溪草堂圖軸》

月　夜

[唐] 刘方平

更深①月色半人家，

北斗②阑干③南斗④斜。

今夜偏知⑤春气暖，

虫声新透⑥绿窗纱。

注释

①更深：古时计算时间，一夜分成五更。更深，夜深了。

②北斗：在北方天空排列成斗形的七颗亮星。

③阑干：这里指横斜的样子。

④南斗：有星六颗。在北斗星以南，形似斗，故称"南斗"。

⑤偏知：才知，表示出乎意料。

⑥新透：第一次透过。新，初。

古诗今读

夜深了，月儿向西落下，院子里只有一半还映照在月光中；横斜的北斗星和倾斜的南斗星挂在天际，快要隐落了。就在这夜深人静、寒冷袭人的时候，忽然感到了春天温暖的气息；你听，冬眠后小虫的叫声，第一次透过绿色纱窗传进了屋里。

赏析要点

唐诗中，以春和月为题的不少。但作者另辟蹊径，借夜幕将桃红柳绿这似乎最具有春天景色特点的事物遮掩起来。写月，也不细描其光影，不感叹其圆缺，而只是在夜色中调进半片月色，这样，夜色不至太浓，月色也不至太明，造成一种朦胧而和谐的旋律。

诗的前两句写环境的幽静，夜深人静，朦胧的月光斜照着村落里的人家，庭院一半沉浸在月光下，另一半笼罩在夜的暗影里。这明暗的对比更衬托出月夜的静谧。辽阔的天空中，一轮斜月和横斜的北斗星和南斗星在暗示着时间的流逝。后两句却是笔锋一转，在这寒气袭人、万籁俱寂的夜晚，小虫首先感受到了夜空中散发着的春的信息，因此情不自禁地鸣叫起来，而诗人也在虫鸣声的启发下感受到春的来临，发现透过窗纱能够隐约看出一丝新绿。此诗以静谧的月夜为背景，采用了静中有动，以动衬静的写法，表现了对春天来临的无比喜悦之情。

作者掠影

刘方平（生卒年不详），唐玄宗天宝年间诗人，洛阳（今河南洛阳）人。天宝前期曾应进士试，又欲从军，均未如意，从此隐居颍水、汝河之滨，终生未仕。与皇甫冉、元德秀、李颀、严武为诗友。工诗，善画山水。其诗多咏物写景之作，尤擅绝句，其诗多写闺情、乡思，思想内容较贫弱，但艺术性较高，善于寓情于景，意蕴无穷。其《月夜》《春怨》《新春》《秋夜泛舟》等都是历来为人传诵的名作。

延伸阅读

刘方平的故事

据传：刘方平是当时震惊一时的美男子，史书未曾详细记载其容貌，只是稍有提及他的美貌。因此当代的一些动漫产业也常以刘方平为原型塑造了一系列生动鲜明的形象，真可谓是才华横溢，才貌双全。其诗清新亮丽，风格鲜明，是因为他早期的生活十分幸福。他有一妻三子，长子刘眉，次子刘含，老幺刘霜，他们在文学上都颇有造诣。令人惋惜的是他们的诗都已失传，以至后人无法瞻仰其才华。

（选自《古今野史杂谈》）

1. 首句中"更深"二字在诗中有何作用？请作简要赏析。

2. "今夜偏知春气暖，虫声新透绿窗纱"表达了作者怎样的思想感情？请作简要分析。

编注者：陈红艳

【参考答案】

1. "更深"二字，点明了时间，也为全诗营造了静谧的氛围。"月色半人家"是更深二字的具体化，"北斗阑干南斗斜"是更深在夜空的表现。

2. 写出春天来临的一片生机和诗人喜悦的心情。"偏知"一语洋溢着自得之情。写隔窗听到虫声，用"透"字给人以生机勃发的力度感。窗纱的绿色，体现出诗人内心的盎然春意。

声韵训练

《声律启蒙》的二冬：

冯妇虎，叶公龙。舞蝶对鸣蛩（qióng）。衔泥双紫燕，课蜜几黄蜂。

花灼烁，草蒙茸。九夏对三冬。台高名戏马，斋小号蟠龙。

陈后主，汉中宗。绣虎对雕龙。柳塘风淡淡，花圃月浓浓。

《笠翁对韵》的二冬：

垂钓客，荷（hè）锄翁。仙鹤对神龙。凤冠珠闪烁，螭（chī）带玉玲珑。

金菡（hàn）菡（dàn），玉芙蓉。绿绮对青锋。早汤先宿酒，晚食继朝（zhāo）饔（yōng）。

花灼灼，草茸茸。浪蝶对狂蜂。数竿君子竹，五树大夫松。

[宋] 陈皋 《蕃骑弄箫图》

此图画胡人冤上夹著人物深目高身
发骨剑创殊妙推有骑马作病态的人
胡人和生背景松石与南京人物的人
物衣冠及马之装束细今藏台北故宫
博物院之元人猎骑图为其内象
阅表泥遠時之应是涯此幅既蔽爲生者
临中有陳峯浅州人女扵蕃馬顾画那愁
記载陳峯浅州人女扵蕃馬顾画那愁
藏卹楠此画煩成書代蕃青乐敷遺立
审宪二年之後睛代賦爲相兑如陳氏
作品传是地福血提吃收溘渤去遠陳
夫小欤書多类有锋追一步研兑

己巳己暮清晰楊析濤小平寅

塞下曲①（其三）

[唐] 卢纶

月黑②雁飞高③，

单于④夜⑤遁⑥逃。

欲将⑦轻骑⑧逐⑨，

大雪满⑩弓刀。

注释

①《塞下曲》：古时边塞地区的一种军歌。

②月黑：浓云遮月，天色漆黑。

③雁飞高：已经栖息的大雁因敌军逃走被惊醒而高高地飞起。

④单于（chán yú）：匈奴的首领，这里指入侵者的最高统帅。

⑤夜：名词用作状语，乘夜色，在夜间。

⑥遁：逃走。

⑦将（jiāng）：率领，带领。

⑧轻骑（jì）：骑，一人一马的合称。轻骑，轻装快速的骑（qí）兵。

⑨逐：追赶（逃军）。

⑩满：形容词用作动词，（大雪）厚厚的覆盖。

古诗今读

浓云遮月，天色漆黑，北风凛冽，惊雁高飞；敌军来犯，被我包围，统帅带兵，乘夜逃脱。

将军发现，敌军潜逃，将带轻骑，追赶逃兵；正要出发，大雪降临，落满全身，毅然前行。

1. 逐句分析：

"月黑雁飞高"，月亮被浓云遮掩，大地一片漆黑，栖息的大雁受惊动飞得很高很高。写边塞夜景，环境艰险，黑冷色调中含高飞雄浑之气。

"单于夜遁逃"，敌军趁夜色偷偷地逃跑了。一"遁"一"逃"叙事简洁明了，描写精当传神，足显敌军溃逃之狼狈，反衬我军之强大气势。

"欲将轻骑逐"，将军发现敌军潜逃，要率领轻装骑兵去追击。

发现敌情之快，追敌反应之速，让读者感到我军是多么机敏，虽在夜晚，将士们却非常警觉、精力充沛，随时保持着战斗力。

"大雪满弓刀"，正要出发，大雪降临，短时间内弓箭、战刀上就落满了雪花。雪来的不仅快，而且大，自然环境的突变，陡然增加了追敌的难度，战斗的艰苦更加凸显。将士们却毅然奋勇追击，军人之英武彰显得淋漓尽致。

2. 艺术特色：

（1）对比鲜明：三、四句，敌军在"月黑雁飞高"的情景下溃逃的，将军在"大雪满弓刀"的情景下追击。一逃一追，一怯一勇，对比鲜明，慷慨豪迈，一副雪夜欲追图如在目前。

（2）想象丰富：全诗虽没有写冒雪追敌的过程和激烈的战斗场面，却给人丰富的想象，将士们警觉机敏、精神抖擞、奋勇追敌的形象跃然纸上，塑造了正气凛然、豪气冲天、威武高大的边塞守军英雄形象。一支骑兵列队欲出，刹那间弓刀上就落满了大雪，这是多么壮美的场面！从本诗看，卢纶是很善于捕捉形象、捕捉时机的。他不仅能抓住具有典型意义的形象，而且能把它放到最富有艺术效果的时刻加以表现。诗人不写军队如何出击，也不告诉你追上敌人没有，他只描绘一个准备追击的场面，就把当时的气氛情绪有力地烘托出来了。"欲将轻骑逐，大雪满弓刀"，这并不是战斗的高潮，而是追近高潮的时刻。这个时刻，犹如箭在弦上，将发未发，最有吸引人的力量。你也许觉得不满足，因为没有把结果交代出来。但唯其如此，才更富有启发性，更能引逗读者的联想和想象，可谓"言有尽而意无穷"。

（3）融情入景：全诗重在叙事和写景，在夜色苍茫、风雪交加的恢宏背景下，敌溃逃我欲追的场景中，将士们气概凛然、英气逼人。虽无一字直抒胸臆，却让人感到边塞将士守土有责的爱国深情和英勇杀敌的壮志豪情。正所谓"一切景语皆情语"。

　　卢纶，唐代诗人，唐代大历十才子之一，约生于737年，约卒于799年，河中蒲（今山西省永济市）人。诗名远播，屡试不第，人生与仕途都极不顺利，借广泛交游，步入仕途。曾任幕府中的元帅判官，对行伍生活深有体验，边塞诗内容充实、风格雄劲、情调慷慨，历来为人传诵。虽为中唐诗人，诗中却依旧是盛唐的气象，雄壮豪放，字里行间充溢着英雄气概，令人振奋。

延伸阅读

卢纶《塞下曲四首》

【其一】

鹫翎金仆姑，燕尾绣蝥弧。
独立扬新令，千营共一呼。

【其二】

林暗草惊风，将军夜引弓。

平明寻白羽，没在石棱中。

【其三】

月黑雁飞高，单于夜遁逃。
欲将轻骑逐，大雪满弓刀。

【其四】

野幕敞琼筵，羌戎贺劳旋。
醉和金甲舞，雷鼓动山川。

　　卢纶的诗，以五七言近体为主，多唱和赠答之作。但他在从军生活中所写的诗，如《塞下曲》，风格雄浑，情调慷慨，历来为人传诵。他年轻时因避乱寓居各地，对现实有所接触，有些诗篇也反映了战乱后人民生活的贫困和社会经济的萧条，如《村南逢病叟》。其他如前期所作七律《晚次鄂州》，写南行避安史乱的旅途夜泊心情和体验，真实生动，感慨深长。七言歌行《腊日观咸宁王部曲擒虎歌》描绘壮士与猛虎搏斗，写得惊心动魄，虎虎有生气。

考试链接

1. 从题材上分，本诗属于什么诗？
2. 研读三、四句，分析"逐"和"满"两个词的妙处。

　　3. 本诗如何达到"言有尽而意无穷"的效果？

编注者：陈永林

【参考答案】

1. 边塞诗
2. 逐：追逐，指边防守军准备追击逃跑的单于部队。
满：大雪突降，刹那间落满了弓刀。两个动词，前一个写边防将士的警惕与果敢，后一个写环境的恶劣，两相映衬，表现守边将士爱国热情和大无畏的精神。（意对即可）
3. 诗中写将军雪夜率军追敌的壮举，突出了将军杀敌卫国的精神。诗一开始用月黑之夜大雁被惊高飞，来衬托敌军溃败夜逃的情景；三、四句写将军率领轻骑冒雪追敌，"大雪满弓刀"这一细节，既写出了环境的极度恶劣，更突出了将军的英勇刚毅，不正面描写轻骑远追及其辉煌战果，却烘托跃跃欲追的场景，引人联想。

声韵训练

《声律启蒙》的三江：

　　青布幔，碧油幢（chuáng）。宝剑对金缸。忠心安社稷，利口覆家邦。

　　山岌（jí）岌，水淙（cóng）淙。鼓振对钟撞。清风生酒舍，皓月照书窗。

　　青琐闼，碧纱窗。汉社对周邦。笙箫鸣细细，钟鼓响摐（chuāng）摐。

《笠翁对韵》的三江：

　　朱漆槛（jiàn），碧纱窗。舞调对歌腔。兴汉推马武，谏夏著龙逄（páng）。

　　灯闪闪，月幢幢。揽辔（pèi）对飞艎（huáng）。柳堤驰骏马，花院吠村尨（máng）。

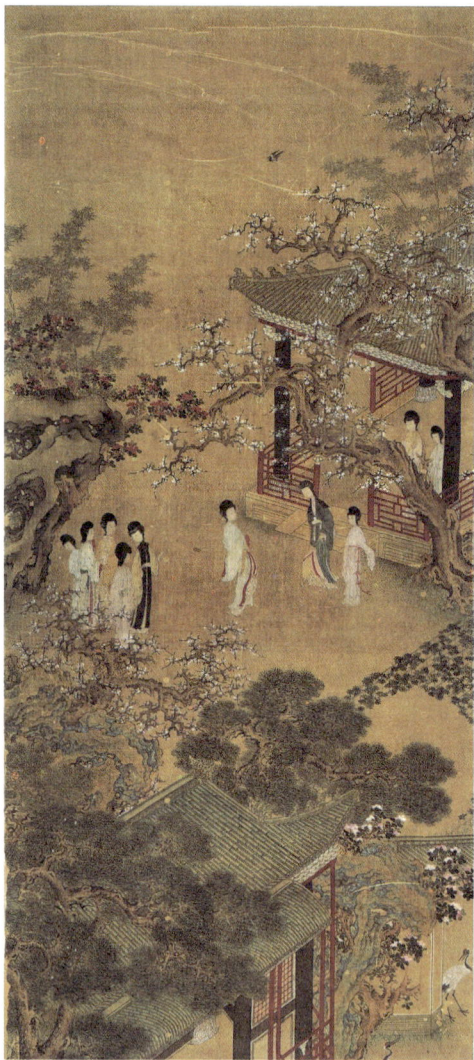

［清］　王弁　《春园蹴鞠图》（局部）

寒 食①

[唐] 韩翃

春城②无处不飞花，

寒食东风御柳③斜。

日暮汉宫④传蜡烛⑤，

轻烟⑥散入五侯⑦家。

注释

①寒食：寒食节亦称禁烟节、冷节、百五节，在夏历冬至后一百零五日，清明节前一二日古代在清明节前两天的节日，禁火三天，只吃冷食，故称寒食。

②春城：暮春时的长安城。

③御柳：御苑之柳，皇城中的柳树。

④汉宫：这里指唐朝皇宫。

⑤传蜡烛：寒食节普天下禁火，但权贵宠臣可得到皇帝恩赐而得到燃烛。

⑥轻烟：袅袅烟气。

⑦五侯：汉成帝时封王皇后的五个兄弟王谭、王商、王立、王根、王逢为候。这里泛指天子宠幸之臣。

古诗今读

暮春时节的长安古城，时时处处都能看到落英飘飞，寒食已至的皇城内外，多情东风轻抚御苑杨柳微斜。

日落西山后夜色悄至，宫中奴仆忙着传出御赐烛火。袅袅的炊烟暗暗升腾，散入那些王侯和贵戚的家中。

寒食春深，景物宜人，故诗中前二句先写景。"春城无处不飞花，寒食东风御柳斜。"诗人立足高远，视野宽阔，全城景物，尽在望中。"春城"一语，高度凝练而华美。"春"是自然节候，城是人间都邑，这两者的结合，呈现出无限美好的景观。

"无处不飞花"，是诗人抓住的典型画面。春意浓郁，笼罩全城。诗人不说"处处飞花"，因为那只流于一般性的概括，而说是"无处不飞花"，这双重否定的句式极大加强了肯定的语气，有效地烘托出全城皆已沉浸于浓郁春意之中的盛况。诗人不说"无处不开花"，而说"无处不飞花"，除了"飞"字的动态强烈，有助于表现春天的勃然生机外，还说明了诗人在描写时序时措辞是何等精密。"飞花"，就是落花随风飞舞。这是典型的暮春景色。不说"落花"而说"飞花"，这是明写花而暗写风。一个"飞"字，蕴意深远。可以毫不夸张地说，这首诗能传诵千古，主要是其中的警句"春城无处不飞花"，而这一句诗中最能耀人眼目者，就在一个"飞"字。"寒食东风御柳斜"，春风吹遍全城，自然也吹入御苑。苑中垂柳也随风飘动起来了。风是无形无影的，它的存在，只能由花之飞，柳之斜来间接感知。照此说来，一个"斜"字也是间接地写风。

诗的前两句写的是白昼，后两句则是写夜晚："日暮汉宫传蜡烛，轻烟散入五侯家。""日暮"就是傍晚。"汉宫"是借古讽今，实指唐朝的皇宫。"五侯"一般指东汉时，同日封侯的五个宦官。这里借汉喻唐，暗指中唐以来受皇帝宠幸、专权跋扈的宦官。这两句是说寒食节这天家家都不能生火点灯，但皇宫却例外，天还没黑，宫里就忙着分送蜡烛，除了皇宫，贵近宠臣也可得到这份恩典。诗中用"传"与"散"生动地画出了一幅夜晚走马传烛图，使人如见蜡烛之光，如闻轻烟之味。寒食禁火，是我国沿袭已久的习俗，但权贵大臣们却可以破例地点蜡烛。诗人对这种腐败的政治现象做出委婉的讽刺。

这首诗选取典型的创作题材，引用贴切的典故对宦官得宠专权的腐败现象进行含蓄的讽刺。既有美好春景的描绘，又耐人寻味发人深省。

韩翃（生卒年不详），唐代诗人。字君平，南阳（今河南南阳市）人。天宝十三载（754年）进士及第。宝应年间在淄青节度使侯希逸幕府中任从事，后随侯希逸回朝，闲居长安十年。大历（766～779）后期，先后入汴宋、宣武节度使幕府为从事。建中（780～783）初，德宗赏识其"春城无处不飞花"一诗，任驾部郎中，知制诰，官至中书舍人。为"大历十才子"之一。其诗多送行赠别之作，善写离人旅途景色，发调警拔，节奏琅然，但乏情思，亦无深致。因其笔法轻巧，写景别致，在当时传诵很广泛。明人有《韩君平集》《全唐诗》仅存诗三卷。

延伸阅读

韩翃意外升迁

韩翃年轻时很有才华，很有名气。侯希逸镇守青淄时，韩翃在他手下当从事。后来被罢官，在家闲居十年。李勉去镇守夷门时，被启用为幕僚，当时韩翃已经到了晚年，和他一起任职的都是些年轻人，对他不了解，看不起他写的诗。韩翃很不得志，多称病在家。唯有一个职务不高的韦巡官，也是一个知名人士，和韩翃相处得很好。

一天半夜时，韦巡官叩门声很急，韩翃出来见他，韦巡官祝贺说："你升任驾部郎中了，让你主持制诰（起草皇帝所下文告和命令）。"韩翃很吃惊说："不可能有这种事，一定是错了。"韦巡官坐下解释说，皇帝的文告、命令，缺少起草的人，中书省两次提名，皇帝没批。又请示，德宗批示用韩翃。当时还有一个同韩翃同名同姓的人，任江淮刺史。又把他两人上报皇帝，皇帝批示说："春城无处不飞花，寒食东风御柳斜。日暮汉宫传蜡烛，轻烟散入五侯家。"就用写这首诗的韩翃。韦巡官又祝贺说："这不是你写的诗吗？"韩翃说是，心中疑团顿时化解。天亮时，李勉和同僚们都来祝贺。这时正是唐德宗建中初年。

考试链接

1. 诗歌前两句用_____、_____两字点明仲春景色；后两句用_____、_____点明享受特权的对象。

2. 朗读这首诗前两句并用自己的语言描述作者呈现的春日景象。

3. 请简单分析诗歌暗寓讽刺的写作特色。

编注者：叶新献

【参考答案】

1. 花 柳 汉宫 五侯
2. 示例：暮春时节的长安古城，时时处处都能看到落英飘飞；寒食已至的皇城内外，多情东风轻抚御苑，杨柳微斜。
3. 这首诗不直接讽刺，而选择对寒食节特权阶层生活上的违背传统的用火现象加以描摹，含蓄委婉，引发读者对当时社会现实的深入思考，意蕴悠长。

声韵训练

《声律启蒙》的四支：

四目颉（jié），一足夔（kuí）。鸲（qú）鹆（yù）对鹭鸶。半池红菡萏，一架白荼(tú)蘼(mí)。

汾水鼎，岘山碑。虎豹对熊罴（pí）。花开红锦绣，水漾碧琉璃。

三弄笛，一围棋。雨打对风吹。海棠春睡早，杨柳昼眠迟。

《笠翁对韵》的四支：

五色笔，十香词。泼墨对传卮（zhī）。神奇韩幹（gàn）画，雄浑李陵诗。

沽酒价，买山资。国色对仙姿。晚霞明似锦，春雨细如丝。

流涕策，断肠诗。喉舌对腰肢。云中熊虎将，天上凤凰儿。

专诸剑，博浪椎（chuí）。经纬对干支。位尊民物主，德重帝王师。

［明］　文徵明　《浒溪草堂图》（局部）

芙蓉楼①送辛渐②

[唐] 王昌龄

寒雨③连江④夜入吴⑤，

平明⑥送客⑦楚山⑧孤⑨。

洛阳⑩亲友如相问，

一片冰心⑪在玉壶⑫。

注释

①芙蓉楼：原名西北楼，在润州（今江苏省镇江市）西北。登临可以俯瞰长江，遥望江北。

②辛渐：诗人的一位朋友。

③寒雨：秋冬时节的冷雨。

④连江：雨水与江面连成一片，形容雨很大。

⑤吴：古代国名，这里泛指江苏南部、浙江北部一带。江苏镇江一带为三国时吴国所属。

⑥平明：天亮的时候。

⑦客：指作者的好友辛渐。

⑧楚山：楚地的山。这里的楚也指南京一带，因为古代吴、楚先后统治过这里，所以吴、楚可以通称。

⑨孤：独自，孤单一人。

⑩洛阳：现位于河南省西部、黄河南岸。

⑪冰心：比喻纯洁的心。

⑫玉壶：道教概念妙真道教义，专指自然无为虚无之心。

古诗今读

寒冷的冰水与江水连成一片，友人离去隐隐的孤独在我心中。

如果洛阳的亲友问起我的近况，就说我依然像玉壶一样清洁。

赏析要点

"寒雨连江夜入吴"：迷蒙的烟雨织成了一张无边无际的愁网，笼罩着吴地江天，一个"寒"字增添了秋意的萧瑟，也渲染出了离别的伤感。那寒意不仅弥漫在满江烟雨之中，更沁透在两个离别友人的心头上。"连"字和"入"字写出雨势的平稳连绵，江雨悄然而来的动态能为人分明地感知，则诗人因离情萦怀而一夜未眠的情景也自可想见。但是，这一幅水天相连、浩渺迷茫的吴江夜雨图，正好展现了一种极其高远壮阔的境界。

中晚唐诗和婉约派宋词往往将雨声写在窗下梧桐、檐前铁马、池中残荷等等琐物上，而王昌龄却并不实写如何感知秋雨来临的细节，他只是将听觉、视觉和想象概括成连江入吴的雨势，以大片淡墨染出满纸烟雨，这就用浩大的气魄烘托了"平明送客楚山孤"的开阔意境。清晨，天色已明，辛渐即将登舟北归。诗人遥望江北的远山，想到友人不久便将隐没在楚山之外，孤寂之感油然而生。在辽阔的江面上，进入诗人视野的当然不只是孤峙的楚山，浩荡的江水本来是最易引起别情似水的联想的，唐人由此而得到的名句也多得不可胜数。然而王昌龄没有将别愁寄予随友人远去的江水，却将离情凝注在矗立于苍莽平野的楚山之上。

因为友人回到洛阳，即可与亲友相聚，而留在吴地的诗人，却只能像这孤零零的楚山一样，伫立在江畔空望着流水逝去。一个"孤"字如同感情的引线，自然而然牵出了后两句临别叮咛之辞："洛阳亲友如相问，一片冰心在玉壶。"诗人从清澈无瑕、澄空见底的玉壶中捧出一颗晶亮纯洁的冰心以告慰友人，这就比任何相思的言辞都更能表达他对洛阳亲友的深情。

作者掠影

王昌龄（698～756），盛唐著名边塞诗人，后人誉为"七绝圣手"。字少伯，其籍贯有山西太原和陕西西安（京兆）两说。早年贫贱，困于农耕，年近不惑，始中进士。初任秘书省校书郎，又中博学宏辞，授汜水尉，因事贬岭南。与李白、高适、王维、王之涣、岑参等交厚。开元末返长安，改授江宁丞。被谤谪龙标尉。安史乱起，为刺史间丘所杀。其诗以七绝见长，尤以登第之前赴西北边塞所作边塞诗最著，他的边塞诗气势雄浑，格调高昂，充满了积极向上的精神。世称王龙标，有"诗家夫子王江宁"之誉。王昌龄存诗181首，作品有《王昌龄集》，体裁以五古、七绝为主，题材则主要为离别、边塞、宫怨。

延伸阅读

王昌龄的一生

王昌龄家境贫寒，开元十五年进士及第，授秘书省校书郎（官汜水尉校书郎），后贬龙标尉，世称"王龙标"。开元二十二年（734年），王昌龄选博学宏词科，超绝群伦，于是改任汜水县尉，再迁为江宁丞。

开元二十八年（740年）王昌龄北归，游襄阳，访著名诗人孟浩然。孟浩然患疽病，快痊愈了，两人见面后非常高兴，孟浩然由于吃了些许海鲜而痈疽复发，竟因此而死，在这时期，王昌龄又结识了大诗人李白，有《巴陵送李十二》诗，李白也赠诗《闻王昌龄左迁龙标遥有此寄》。与孟浩然、李白这些当时第一流的诗人相见，对王昌龄来说，自是一大乐事，可惜与孟浩然一见，竟成永诀，与李白相见，又都在贬途。当时李白正流放夜郎。

开元二十八年（740年）冬，王昌龄离京赴江宁丞任，此时已与著名诗人岑参相识，岑参有《送王大昌龄赴江宁》诗，王昌龄也有诗留别。途经洛阳时，又与綦毋潜、李顾等诗人郊游，也都有诗。

王昌龄作为一代诗杰，流传下来的资料却很少。除了上文所说贬岭南外，还曾遭过贬，具体时间和原因也不太清楚，有人认为在天宝六载秋。《詹才子传》说他"晚途不谨小节，谤议沸腾，两窜遐荒"。《河岳英灵集》说他"再历遐荒"，《旧唐书》本传也说他"不护细行，屡见贬斥"，被贬为龙标尉。

更为可悲可叹的是，后来连龙标尉这样一小小的职务也没能保住，离任而去，迂回至亳州，竟为刺史间丘晓所杀。

1.这首诗的前两句是怎样写出了送朋友辛渐时的离情别绪的?

2. 结句"一片冰心在玉壶"是这首诗的诗眼所在。"冰心"和"玉壶"有什么特点? 有什么寓意?

编注者:闫　瑞

【参考答案】

1. 首句写秋雨连江,夜暮降临,以凄清的景物来衬托离情别绪;二句写清晨雾中的远山,显得分外孤独,"楚山孤"象征了作者的离情。
2. 冷而洁,有冷于名利而洁身自好之意。作者以晶莹透明的冰心、玉壶自喻,表明自己没有追求功名富贵的欲念,坚持玉洁冰清操守的情怀。

声韵训练

《声律启蒙》的五微:

霜菊瘦,雨梅肥。客路对渔矶。晚霞舒锦绣,朝露缀珠玑。

桃灼灼,柳依依。绿暗对红稀。窗前莺并语,帘外燕双飞。

龙也吠,燕于飞。荡荡对巍巍。春暄(xuān)资日气,秋冷借霜威。

《笠翁对韵》的五微:

鸡晓唱,雉(zhì)朝飞。红瘦对绿肥。举杯邀月饮,骑马踏花归。

占鸿渐,采凤飞。虎榜对龙旗。心中罗锦绣,口内吐珠玑。

乌衣巷,燕子矶。久别对初归。天姿真窈窕,圣德实光辉。

［清］ 高其佩 《设色指画杂画》册之双燕图（指画）

乌 衣 巷

[唐] 刘禹锡

朱雀①桥边野草花，

乌衣②巷口夕阳斜。

旧时③王谢堂前燕，

飞入寻常④百姓家。

注释

①朱雀：桥在金陵城外，乌衣巷在桥边。
②乌衣：燕子，旧时王谢之家，庭多燕子。
③旧时：晋代。
④寻常：平常。

古诗今读

　　朱雀桥边冷落荒凉长满野草野花，乌衣巷口断壁残垣正是夕阳西斜。晋代时王导谢安两家的堂前紫燕，而今筑巢却飞入寻常老百姓之家。

赏析要点

　　这是刘禹锡怀古组诗《金陵五题》中的第二首，语言含蓄深沉，通过对野草野花在曾经繁华的朱雀桥边肆意蔓延和斜阳残照笼罩着曾经繁华而今冷落凄凉的乌衣巷的今昔对比描写，寓情于景，借环境的烘托、气氛的渲染，同时赋予燕子以历史见证人的身份，体现了咏史诗的特色，抒发了诗人对人事沧桑、兴衰无常的深沉感慨。

　　"朱雀桥边野草花"：朱雀桥横跨南京秦淮河上，是由市中心通往乌衣巷的必经之路。桥同河南岸的乌衣巷，不仅地点相邻，历史上也有瓜葛。旧日桥上装饰着两只铜雀的重楼，就是谢安所建。在字面上，朱雀桥又同乌衣巷偶对天成。用朱雀桥来勾画乌衣巷的环境，既符合地理的真实，又能造成对仗的美感，还可以唤起有关的历史联想，是"一石三鸟"的选择。句中引人注目的是桥边丛生的野草和野花。草长花开，表明时当春季。"草花"前面按上一个"野"字，这就给景色增添了荒僻的氛围。再加上这些野草野花是生长在一向行旅繁忙的朱雀桥畔，这就使我们想到其中可能包含的深意。记得作者的诗句"万户千门成野草"，就曾用"野草"象征衰败。而在这首诗中，突出"野草花"正是表明：昔日车水马龙的朱雀桥今天已成荒凉一片。

"乌衣巷口夕阳斜"：表现出乌衣巷不仅是映衬在败落凄凉的古桥的背景之下，而且还呈现在斜阳的残照之中。句中作"斜照"解的"斜"字，同上句中作"开花"解的"花"字相对应，全用作动词，它们都写出了景物的动态。"夕阳"，这西下的落日，再点上一个"斜"字，便突出了日薄西山的惨淡情景。本来，鼎盛时代的乌衣巷口，应该是衣冠来往、车马喧阗的。而现在，作者却用一抹斜晖，使乌衣巷完全笼罩在寂寥、惨淡的氛围之中。

"旧时王谢堂前燕，飞入寻常百姓家"：他出人意料地忽然把笔锋转向了乌衣巷上空正在筑巢的飞燕，让人们沿着燕子飞行的去向去辨认，如今的乌衣巷里已经是居住着普通的百姓人家了。为了使读者明白无误地领会诗人的意图，作者特意指出，这些飞入百姓家的燕子，过去却是栖息在王谢权门高大厅堂的檐檩之上的旧燕。"旧时"两个字，赋予燕子以历史见证人的身份。"寻常"两个字，又特别强调了今日的居民是多么不同于往昔。从中，我们可以清晰地看到作者对这一变化发出的沧海桑田般的无限感慨。

作者掠影

刘禹锡（772～842），唐代著名诗人，字梦得，唐代洛阳（今属河南）人，为匈奴族后裔。晚年任太子宾客，世称"刘宾客"。他的诗精炼含蓄，往往能以清新的语言表达自己对人生或历史的深刻理解，因而被白居易推崇备至，誉为"诗豪"。

他的家庭是一个世代以儒学相传的书香门第。后来，刘禹锡被派往苏州担任刺史。当时苏州发生水灾，他上任后开仓赈饥，使人民过上了安居乐业的生活。苏州人民把曾在苏州担任过刺史的韦应物、白居易和他合称为"三杰"，建立了三贤堂。

其诗现存 800 余首。其讽刺诗往往以寓言托物的手法，抨击权贵一族，涉及较广的社会现象。晚年的诗风渐趋含蓄。词作亦存四十余首，具有民歌特色。在洛阳时，曾与白居易共创《忆江南》词牌。

延伸阅读

乌衣巷

乌衣巷位于夫子庙南，三国时是吴国茂守石头城的部队营房所在地。当时军士都穿着黑色制服，故以"乌衣"为巷名。后为东晋时高门士族的聚居区，东晋开国元勋王导和指挥淝水之战的谢安都住在这里。到了中唐，诗人刘禹锡以有"旧时王谢堂前燕，飞入寻常百姓家"的感叹，足见王谢旧居早已荡然无存。南宋时期，建康城曾一度得到恢复和发展。人们在王、谢故居上重建"来燕堂"。其址在乌衣巷东，建筑古朴典雅，堂内悬挂王导、谢安画像。士子游人不断，成为瞻仰东晋名相、抒发思古幽情的胜地。目前这里是一条狭窄的小街，住的依然是"寻常百姓家"，只是小街两侧的铺面房都开成了民间工艺品店，中外游人在此可以观赏和购买到各类工艺品。 1997 年，秦淮区人民政府恢复了乌衣巷并重建了具有民族风格的王谢古居。

考试链接

1. 结合全诗内容填空。

（1）这是作者最得意的怀古名篇之一。从全诗看，"野草花""夕阳斜"反映的是一种_____的景象。

（2）本诗写的是_____时间的景象，从诗中"_____"可以看出。

（3）本诗在表达技巧上两个显著特点是_____、_____。

2. 本诗描绘的是什么时节的景象？从哪里可以看出来？

3. 本诗是刘禹锡最得意的怀古名篇之一，抒发了诗人怎样的感情？

4. 请简要赏析这首诗的语言特色。

编注者: 李香香

【参考答案】

1. （1）荒凉冷落衰败 （2）黄昏 夕阳斜 （3）今昔对比 以小见大
2. 春天。从"野草花"、"燕子"等意象可以看出来。
3. 诗人通过今昔对比，抒发了沧海桑田，古今盛衰，人生多变的感慨。
4. 全诗语言含蓄深沉，通过对野草野花在曾经繁华的朱雀桥边肆意蔓延和斜阳残照笼罩着曾经繁华而今冷落凄凉的乌衣巷的今昔对比描写，寓情于景，借环境的烘托、气氛的渲染，同时赋予燕子以历史见证人的身份，体现了咏史诗的特色，抒发了诗人对人事沧桑、兴衰无常的深沉感慨。

声韵训练

《声律启蒙》的六鱼：

伯乐马，浩然驴。弋（yì）雁对求鱼。分金齐鲍叔，奉璧蔺相如。

千字策，八行书。有若对相如。花残无戏蝶，藻密有潜鱼。

犀角带，象牙梳。驷马对安车。青衣能报赦，黄耳解传书。

《笠翁对韵》的六鱼：

周有若，汉相如。玉屋对匡庐。月明山寺远，风细水亭虚。

参虽鲁，回不愚。阀阅对闾间。诸侯千乘（shèng）国，命妇七香车。

骖（cān）鹤驾，待鸾舆。桀溺对长沮。搏虎卞（biàn）庄子，当熊冯婕好。

［唐］ 韩幹 《马十六匹图》

哥 舒 歌

[唐] 西鄙人

北斗七星①高，

哥舒②夜带刀。

至今窥③牧马④，

不敢过临洮⑤。

注释

①北斗七星：大熊座的一部分。

②哥舒：指哥舒翰，是唐玄宗的大将，突厥族哥舒
　部的后裔。哥舒是以部落名称作为姓氏。

③窥（kuī）：窃伺。

④牧马：指吐蕃越境放牧，指侵扰活动。

⑤临洮（táo）：今甘肃省洮河边的岷县。

古诗今读

　　北斗七星高悬于夜空之中，哥舒翰将军持刀立马守卫在这静谧的夜空之下。

　　边境上伺机侵扰大唐的吐蕃人至今只敢偷偷张望，始终不敢跨过临洮一步。

赏析要点

　　这是一首唐代五言绝句。它内容浅显，画面感强。作者以质朴的文字刻画了威风凛凛，星夜守边，让异族不敢入侵的哥舒翰将军的形象，表达了边境百姓对哥舒翰将军的敬佩与颂扬之情，以及对安定和平的美好生活的祈盼。

　　"北斗七星高"：开篇以北斗七星起兴，寥寥五字，便为读者展开了一幅辽阔高远的画卷，既交代了时间和场景，又暗示了哥舒翰将军在百姓心目中如北斗星一样崇高的地位，也为下面英雄人物的出场描摹出恢宏的背景。

"哥舒夜带刀"：主人公登场！简洁利落的五个字就描绘出一位威风凛凛、恪尽职守的哥舒翰将军，在静谧辽远的夜空之下，佩刀巡视边关的英伟形象。一个"夜"字，既巧妙地与上句的"北斗七星"取得了关联，又表现了主人公夜半更深之时还在巡防的辛苦与尽责。而"带刀"二字，不需多言，就交代了哥舒翰的身份，更为人物平添了英武不凡之气。

"至今窥牧马"：作者把视角转向了觊觎大唐，蠢蠢欲动，妄想越境作乱的吐蕃人。一个"窥"字巧妙地写出了他们想越境而又不敢越境，只能望洋兴叹的无奈，侧面烘托出哥舒翰的英勇和他取得的巨大功绩。在这里，我们不能不为作者选材的灵活巧妙而击节称赞。他没有选择疆场厮杀的场面来加以描写，而是通过敌方的反映来反衬主人公的威武。给读者留下了更为广阔的想象空间，可谓手法灵活，意境幽远。

"不敢过临洮"："不敢"二字写明了哥舒翰对于想要犯边作乱的异族人的巨大威慑力。至此，作者用貌似简洁直白，实则含蓄隽永的文字为我们生动形象地刻画出了民族英雄哥舒翰英勇守边的光辉形象。人物呼之欲出，情感跃然纸上，写作风格质朴大气。

作者掠影

西鄙人，是指唐朝西北边地之人，生平姓名不详，开元天宝年间在世。

延伸阅读

从《哥舒歌》《出塞》品唐代边塞诗的情感

当我们读到《哥舒歌》中"至今窥牧马，不敢过临洮"这两句诗时，不禁联想到唐代著名边塞诗人王昌龄《出塞》中的名句"但使龙城飞将在，不教胡马度阴山。"

可以说，边塞诗是盛唐时期非常著名的一类诗歌。因为在当时，生活在边塞地区的百姓频频受到境外少数民族的滋扰，常年生活在战争之中。所以，他们对和平安定生活的向往便尤为强烈。他们热切地盼望出现并歌颂像哥舒翰、李广这样杰出的民族英雄，这种心声在这一时期的很多诗作当中都有流露。在《哥舒歌》与《出塞》这两首诗中表现得尤为明显。此外，也因为盛唐时期，唐在对外战争中屡屡取胜，所以诗人们常常在作品中流露出极强的民族自信心和对敌人的蔑视。这也是这两首诗在情感表达方面的相似之处。

考试链接

1. 给下列字注音：

（1）窥：

（2）洮：

2.《哥舒歌》中，作者通过写敌人虽蠢蠢欲动但是不敢越境滋扰来侧面烘托哥舒翰戍边英勇、威名远播的诗句是＿＿＿＿＿＿＿＿，＿＿＿＿＿＿

＿＿＿＿＿。

编注者：杨　薇

【参考答案】

1.（1）窥：kuī

（2）洮：táo

2. 至今窥牧马，不敢过临洮。

声韵训练

《声律启蒙》的七虞：

横醉眼，捻吟须。李白对杨朱。秋霜多过雁，夜月有啼乌。

鸠哺子，燕调雏。石帐对郇（xún）厨。烟轻笼岸柳，风急撼庭梧。

天欲晓，日将晡（bū）。狡兔对妖狐。读书甘刺股，煮粥惜焚须。

《笠翁对韵》的七虞：

谢蝴蝶，郑鹧鸪。蹈海对归湖。花肥春雨润，竹瘦晚风疏。

云梦泽，洞庭湖。玉烛对冰壶。苍头犀角带，绿鬓象牙梳。

觇（chān）合璧，颂联珠。提瓮对当垆（lú）。仰高红日尽，望远白云孤。

梅花数，竹叶符。廷议对山呼。两都班固赋，八阵孔明图。

马晋作品

垓下①歌

[两汉] 项羽

力拔山兮②气盖③世，
时不利兮骓④不逝⑤。
骓不逝兮可奈何⑥，
虞⑦兮虞兮奈若⑧何！

注释

①垓下：古地名，在今安徽省灵璧县东南沱河北岸。

②兮：文言助词，相当于现代汉语的"啊"或"呀"。

③盖：压倒，超过。

④骓：毛色青白间杂的马，项羽的坐骑。

⑤逝：奔驰。

⑥奈何：怎样；怎么办。

⑦虞：即虞姬，项羽的美人。

⑧若：你。

古诗今读

力能拔山啊，豪气冲天无人能比。时运不济啊，乌骓马也再难奔驰。

乌骓马不奔驰啊，我该怎么办？虞姬啊虞姬，我又该拿你怎么办？

赏析要点

《垓下歌》是西楚霸王项羽在垓下进行必死战斗时所作的绝命诗，诗中既洋溢着无与伦比的豪气与英气，又蕴含着满腔深情与悲情；既流露出罕见的自信，又有沉重地叹息。以短短的四句，满怀深情，催人泪下，可以说是一首大义凛然与英雄豪气的挽歌。

"力拔山兮气盖世"一句，塑造了一个举世无双的英雄形象，概括了自己叱咤风云的一生。"力拔山"使用夸张的手法，显示了一种具体、生动的效果，力大无穷。"气盖世"从"气"的角度写自己豪气冲天，无人能比。"力拔山"和"气盖世"，从"力"和"气"两个角度，一实一虚，把自己叱咤风云的气概生动地显现出来。但从这一句诗中也可以看出，项羽夸大了个人的力量，是一个自负的人，这是他失败的一个重要原因。

"时不利兮骓不逝"，天时不利，连他的宝马——乌骓马也不肯前进了，这使他陷入了失败的绝境而无法自拔。孟子认为作战需要"天时地利人和"三个条件。而现在连他的战友——乌骓马也止步不前，这让他在天时不利的处境下更加绝望。在项羽看来，他几乎是单人独骑打天下，乌骓马是他最主要的战友，别人对他的事业所起的作用是微乎其微。这种英勇，这种傲岸都是无人可比的。在四年的楚汉战争之中，他虽然与汉军大战七十，小战半百，打了不少胜仗，但仍是匹夫之勇，既不善于用人，更不会审时度势，他的失败根本不是什么天意，全是咎由自取。

"骓不逝兮可奈何，虞兮虞兮奈若何？"这是项羽面临绝境时的悲叹。面对绝境，这位盖世英雄却也只能这样不停发问"可奈何""奈若何"，如此苍白，如此无力。曾经的一代霸王，现在连自己的宝马和美人也保护不了，内心多么悲痛。项羽被汉军追赶，撤至垓下，陷入汉军重围，项羽知道自己的灭亡无可避免，他的霸业就要烟消云散。他没有留恋，没有悔恨，他唯一忧虑的就是帐内这位陪他东征西讨的虞美人。这简短的语句里包含他无尽的悲叹和无比深沉的爱恋，项羽明白自己到了穷途末日，绝望的痛苦袭击着他。虞姬也很悲伤，眼含热泪，起而舞剑，边舞边歌："汉兵已略地，四方楚歌声。大王意气尽，贱妾何聊生？"（《和垓下歌》）歌罢，自刎身亡，非常悲壮。

作者掠影

项羽（公元前232～公元前202），中国军事思想"勇战派"代表人物，与"谋战派"孙武、韩信等人齐名。名籍，字羽，秦下相（今江苏宿迁）人，秦二世元年（公元前209年）从叔父项梁在吴中（今江苏苏州）起义，项梁阵亡后他率军渡河救赵王歇，巨鹿之战摧毁章邯的秦军主力。秦亡后称西楚霸王，并分封诸侯王。后与刘邦争夺天下，进行了四年的楚汉战争，公元前 202 年兵败垓下（今安徽灵璧南），突围至乌江（今安徽和县长江段西）边自刎。项羽至今为止一直被评为中国历史上最为勇猛的著名武将，称之"生当作人杰，死亦为鬼雄"。

延伸阅读

浅谈项羽的悲剧性格

项羽是一个悲剧式的历史人物，他的悲剧，不仅是历史的悲剧，也是性格的悲剧。项羽是楚国贵族后代，和秦有国仇家恨，年轻时失去贵族地位，后来参加反秦战争，成为西楚霸王。他的起点是很高的，远胜于刘邦，但是在楚汉之争中却以失败告终。

首先，他的个人英雄主义倾向非常严重。始皇南巡时项羽的一句"彼可取而代也"气魄恢宏，豪气干云。可以想象当时他那种蔑视的神情，与十足的霸气，这也是他自信与自大的综合表现。他有自信的资本，"籍长八尺有余，力能扛鼎，才气过人。"

但他不该自大。自信使人成功，而自大使人失败。自大的人往往很难看清自己，也更难看清敌人，不知己亦不知彼。这是失败的潜在隐患。

其次，他勇武有余，谋事不足。项羽非常喜欢逞匹夫之勇，图一时之快。韩信在去楚归汉追随刘邦的时候，曾对项羽有这样一番评价："项王暗恶叱咤，人人皆发；然不能任属贤将，此特匹夫之勇尔。"项羽也知道谋大事不能光凭一人之勇，还要斗智斗法，少时他不是要学"万人敌"的兵法么，但是学的却并不怎么样，只能"略知其意"，依旧我行我素，耽其勇武而误于谋略。这种爱逞匹夫之勇的性格在他"悲歌慷慨"吟唱的诗句"力拔山兮气盖世"中同样可以感受到。也难怪范增会脱口而叹："竖子不足与谋！"

其三，妇人之仁与妇人之见。项羽的匹夫之勇是很好理解的，他是将门出身。但令人无法理解的是他又很有些妇人之仁，亚父所说的"君王为人不忍"也是这种妇人之仁，他的"仁义"表现得很不合适，在几次重要的转折点都是因此失利的。表现最突出的就是鸿门宴中因为没有深远的预见力，他并没有果决地下达击杀沛公的命令，甚至默许项伯越俎舞剑，任其保护外敌。鸿门宴上樊哙的出现是一个转折点。如果之前项羽还有犹豫的话，那么听了樊哙的一席话，他就已经坚定了不杀的决心。这就不仅仅是一时的妇人之仁了，这种毫无原则的行为处事，如何能君临天下？

最后，他残杀无辜，缺乏宽宏大量的国君气度。阶级观念与贵族思想时时刻刻影响着项羽的行事原则，在鸿门宴上的妇人之仁，在面对贵族观念里视如草芥的天下百姓时却荡然无存，剩余的只有其天性的残忍嗜杀。《史记》中记载："新安。章邯率部归降。项羽不是对降兵善加督导，化为己用，反因害怕降卒不服而"夜击坑秦卒二十余万人"。入关后，项羽"引兵西屠咸阳，杀秦降王子婴，烧秦宫室，火三月不灭。收其货宝妇女而东"，令"秦人大失望"。汉二年冬，因封侯不当，田荣起兵反叛。项羽平叛后，"皆坑田荣降卒，系虏其老弱妇女，徇齐至北海，多所残灭。"这如何是一个君王的作为？在其如此残酷暴虐的行径之下，人心尽失，终于走上了灭亡的绝路。

考试链接

1. 这首诗里提到的历史事件，可用一个成语归纳，是哪个成语呢？

2. 这首诗是楚霸王项羽的绝命之词，诗歌表达了作者怎样的一种矛盾心情？

编注者：杨春玲

【参考答案】
1. 四面楚歌
2. 在这首诗中，既洋溢着无与伦比的豪气，又蕴含着满腔深情；既显示出罕见的自信，却又为人的渺小而沉重地叹息。

這漢洪才智廣
山僧愶有奇緣
不是靈山一會
也因少室親傳
卻仙一柄如意
說些梅荅枯禪

[清] 石涛 《忍庵居士像》（与人合作）

084

石 灰 吟①

[明] 于谦

扫一扫，听朗读

千锤万凿②出深山，

烈火焚烧若等闲③。

粉骨碎身浑④不怕，

要留清白⑤在人间⑥。

注释

①吟：吟诵。古代诗歌的一种形式。

②千锤万凿：无数次的锤击开凿，形容开采石灰非常艰难。千、万，虚词，形容很多。

③若等闲：好像很平常的事情。若，好像、好似。等闲，平常，轻松。

④浑：全。

⑤清白：指石灰洁白的本色，又比喻高尚的节操。

⑥人间：人世间。

古诗今读

石灰石只有经过千万次锤打才能从深山里开采出来，它把熊熊烈火的焚烧当作很平常的一件事。即使粉身碎骨也毫不惧怕，甘愿把一身清白留在人世间。

赏析要点

这是一首托物言志诗。作者以石灰做比喻，表达自己为国尽忠，不怕牺牲的意愿和坚守高洁情操的决心。

"千锤万凿出深山"：一方面是要突出开采石灰岩是何等的艰难，它在成为有用的石灰之前，要经受多少的磨炼；另一方面，实际上也是在暗示一种坚强无畏的品格。

"烈火焚烧若等闲"："烈火焚烧"，是指烧炼石灰石的过程。石灰石将烈火焚烧看成平常、轻松的事，面对严酷考验，却从容自若，处之淡然。"若等闲"三个字貌似轻松自如，实则惊心动魄，显示了一种勇于接受艰难困苦的磨炼、不怕牺牲的大无畏精神。

"粉骨碎身浑不怕"："粉骨碎身"形象地写出将石灰石烧成石灰粉，而"浑不怕"三字又使我们联想到其中可能寓有不怕牺牲的精神。

"要留清白在人间"："清白"是一语双关，既指石灰洁白的本色，又比喻高尚的节操。诗人借石灰之口，表达了以身报国的宏伟抱负和坚贞不屈、大义凛然的精神，立志要做纯洁清白的人。

作者掠影

于谦（1398～1457），明代诗人，字廷益，号节庵，官至少保，世称于少保。明朝浙江承宣布政使司杭州钱塘县人。因参与平定汉王朱高煦谋反有功，得到明宣宗器重，担任明朝山西河南巡抚。明英宗时期，因得罪王振下狱，后释放，起为兵部侍郎。土木之变后英宗被俘，郕王朱祁钰监国，擢兵部尚书。于谦力排南迁之议，决策守京师，与诸大臣请郕王即位。瓦剌兵逼京师，督战，击退之。论功加封少保，总督军务，终被迫先遣使议和，使英宗得归。天顺元年因"谋逆"罪被冤杀。谥曰忠肃。有《于忠肃集》。于谦与岳飞、张煌言并称"西湖三杰"。

延伸阅读

两袖清风

古往今来，凡为官清廉、不贪钱财者，常以"两袖清风"自誉。说起它的由来，还有一段有趣的故事呢。

明朝正统年间，宦官王振以权谋私，每逢朝会，各地官僚为了讨好他，多献以珠宝白银，巡抚于谦每次进京奏事，总是不带任何礼品。他的同僚劝他说："你虽然不献金宝、攀求权贵，也应该带一些著名的土特产如线香、蘑菇、手帕等物，送点人情呀！"于谦笑着举起两袖风趣地说："带有清风！"以示对那些阿谀奉承之贪官的嘲弄。两袖清风的成语从此便流传下来。

他曾作过《入京诗》一首：

绢帕蘑菇与线香，本资民用反为殃；

清风两袖朝天去，免得闾阎话短长。

绢帕、蘑菇、线香都是于谦任职之地的特产。于谦在诗中说，这类东西，本是供人民享用的。只因官吏征调搜刮，反而成了百姓的祸殃了。他在诗中表明自己的态度：我进京什么也不带，只有两袖清风朝见天子。诗中的闾阎是里弄、胡同的意思，引申为民间、老百姓。

考试链接

1.在括号内填上适当的关联词语将句子衔接起来。

（　　）千锤万凿，（　　）烈火焚身，（　　）粉骨碎身，我（　　）要留清白在人间。

2.这首诗表面写＿＿＿＿＿＿＿＿，实际是写＿＿＿＿＿＿＿＿＿，这种方法叫借物喻人。

3."粉骨碎身全不怕，要留清白在人间。"这两句借石灰之口，一语双关，表达了作者怎样的人生追求？

编注者：葛巧玲

【参考答案】
1. 无论　不管　即使　也
2. 石灰　诗人自己
3. 不怕牺牲的精神以及永留高尚的品格在人间的人生追求。

[明] 蓝瑛 《法黄鹤山樵山水图》

过分水岭①

[唐] 温庭筠

溪水无情似有情，

入山三日得同行。

岭头②便是分头③处，

惜别潺湲④一夜声。

注释

①分水岭：一般指两个流域分界的山。这里是指今
陕西省略阳县东南的嶓冢山，它是汉水和嘉陵江
的分水岭。
②岭头：山头。
③分头：分别、分手。
④潺湲（chán yuán）：河水缓缓流动的样子。这
里是指溪水流动的声音。

古诗今读

溪水看似无情，却又似对我脉脉含情，进山三
天，得以有它伴我同行。

登山岭头，就是我们分手之处，溪水潺潺流淌
一夜，与我依依惜别。

赏析要点

这首诗是一首传诵广泛、脍炙人口的七言绝句，
写的是诗人在过分水岭的行程中与偶遇的小溪相知
相惜的一段"因缘"，以及由此引发的诗意感受。

首句就从溪水写起。溪水是没有感情的自然物，但眼前这条溪水，却又似乎有情。"有情"二字，是一篇眼目，下面三句都是围绕着它来具体描写的。"似"字用得恰到好处，它暗透出这只是诗人时或浮现的一种主观感觉。旅途中的诗人，内心寂寥无法诉说，自然景物似乎更易走入他的心灵，一轮夕阳、几滴朝露、北飞的候鸟、路边的溪流……这些看似平常之物都极易触动他的情思，诗句浅显却暗蕴深情。

次句紧承首句，点出溪水"有情"的原因。山路蜿蜒曲折，缘溪而行，诗人感到这溪水一直在自己侧畔同行。其实，入山是向上行，而水流总是向下，溪流的方向和行人的方向并不相同，但溪水虽不断向相反方向流逝，而其潺潺声却一路伴随。因为深山空寂无人，旅途孤孑无伴，这一路的溪水潺潺为山的空寂多了一分闹热和生机，也似旅伴一样消减了几分诗人的孤寂，入山几日的独处让诗人和小溪变得特别亲切，仿佛是有意不离左右，以它的清澈面影、流动身姿和清脆声韵来慰藉旅人的寂寞。"得同行"的"得"字，用得恰到好处，让我们感受到诗人觅得良伴的欣喜。

"岭头便是分头处，惜别潺潺一夜声。"在"入山三日"，相伴相依的旅程中，"溪水有情"之感不免与日俱增，因此当登上岭头，就要和溪水分头而行的时候，心中便不由自主地涌起依依惜别之情。但却不从自己方面来写，而是从溪水方面来写，以它的"惜别"进一步写它的"有情"。岭头处是旅途中的一个站头，诗人这一晚就在岭头住宿。在寂静的深山之夜，耳畔只听到岭头流水，仍是潺潺作响，彻夜不停，仿佛是在和自己这个同行三日的友伴殷勤话别。溪声仍是此声，而当将别之际，却极其自然地感觉这溪水的"潺潺一夜声"如同是它的深情的惜别之声。在这里，诗人巧妙地利用了分水岭的自然特点，由"岭头"引出旅人与溪水的"分头"，又由"分头"引出"惜别"，因惜别而如此体会溪声。联想的丰富曲折和表达的自然平易，达到了和谐的统一。写到这里，溪水的"有情"已经臻于极致，诗人对溪水的深情也自在不言中了。

分水岭下的流水，潺潺流淌，千古如斯。由于温庭筠对羁旅行役生活深有体验，对朋友间的情谊分外珍重，他才能发现溪水这样的伴侣，并赋予它一种动人的人情美。与其说是客观事物的诗意美触发了诗人的感情，不如说是诗人把自己美好的感情移注到了客观事物身上，正如王国维所言"以我观物，物物皆着我之色彩"一切的"景语"，实为诗人满腹的"情语"。

作者掠影

温庭筠（约 812～866），唐代诗人、词人。本名岐，字飞卿，太原祁（今山西祁县东南）人。富有天才，文思敏捷，每入试，押官韵，八叉手而成八韵，所以也有"温八叉"之称。然恃才不羁，又好讥刺权贵，多犯忌讳，取憎于时，故屡举进士不第，长被贬抑，终生不得志。官终国子助教。

精通音律，工诗，与李商隐齐名，时称"温李"。其诗辞藻华丽，浓艳精致，内容多写闺情。其词艺术成就在晚唐诸词人之上，为"花间派"首席词人，对词的发展影响较大。在词史上，与韦庄齐名，并称"温韦"。存词七十余首。后人辑有《温飞卿集》及《金奁集》。

延伸阅读

晚唐"温李"

温庭筠和李商隐，在文学史上，被并举为"温李"。

温庭筠，年轻时苦心学文，才思敏捷；精通音律，善鼓琴吹笛。喜纵酒放浪，一生不受羁束，喜讥刺权贵，因此不为时俗所重，坎坷潦倒一生。李商隐年幼丧父，却不费学业，终进士及第，曾任秘书省校书郎、弘农尉等职，因卷入"牛李党争"的政治旋涡而备受排挤，一生困顿不得志，客死他乡。

温庭筠是文人中第一个大量写词的人，是花间派词的先导，对词的发展有很大影响。他的词多写妇女生活，除常见的闺阁、歌伎题材外，还有写戍妇思念征夫、女道士、祠庙赛神、采莲女子的爱情和商妇的相思等。温词的风格以秾丽绵密为主，多用比兴，以景寓情。代表作有《菩萨蛮》（小山重叠金明灭）、《更漏子》（柳丝长）等。其词在写景、述事中含蓄着主人公深沉的感情。这一艺术特点对宋代词人周邦彦、吴文英等有影响。温庭筠加强了词的文采和声情，其句法的参差，叶韵的繁变，情景的交融，有助于词的艺术特征的形成。

李商隐是晚唐乃至整个唐代，为数不多的刻意追求诗美的诗人。他擅长诗歌写作，骈文文学价值也很高，和杜牧合称"小李杜"，与温庭筠合称为"温李"。其诗构思新奇，风格秾丽，尤其是一些爱情诗和无题诗写得缠绵悱恻，优美动人，广为传诵。但部分诗歌过于隐晦迷离，难于索解，至有"诗家总爱西昆好，独恨无人作郑笺"之说。李商隐诗歌成就最高的是近体诗，尤其是七言律绝。他是继杜甫之后，唐代七律发展史上的第二座里程碑。李商隐继承了杜甫七律锤炼谨严、沉郁顿挫的特色，又融合了齐梁诗的浓艳色彩、李贺诗的幻想象征手法，形成了深情绵邈、绮丽精工的独特风格。

"温李"生活的时代，大唐帝国，江河日下，纵有再多千古奇才，亦难挽王朝颓势。个体，终究会被历史的洪流裹挟而下，走向早已为他们设定好的归宿……

考试链接

1. 简要指出"溪水无情似有情"一句中的"似"字"奇"在哪？

2. 下列诗句中和"惜别潺湲一夜声"在写作手法及表达效果方面，有异曲同工之妙的是（　　）

A. "恰似一江春水向东流"（李煜《虞美人》）

B. "落花不语空辞树，流水无情自入池"（白居易《过元家履信宅》）

C. "仍怜故乡水，万里送行舟"（李白《渡荆门送别》）

编注者：李婷婷

【参考答案】

1. "似"字将人的主观情感注入客观景物之中，使本无生命的溪水充满了情趣；在结构上，这个字勾联以下三句，"同行"、"分头"、"惜别"这些情感皆由此而来。

2. C　均用拟人，使本无生命的水充满了人的惜别之情，显得情趣盎然。

见说长江去不月
河似北经雪猗
陈抱横一古甲逊
世彩阁著元呈未

邃州隆

［明］　陈淳　《松溪草堂图轴》

马　嵬①

[清] 袁枚

莫唱当年长恨歌②，

人间亦自有银河③。

石壕村④里夫妻别，

泪比长生殿⑤上多。

注释

①马嵬：即马嵬坡，在陕西省兴平市西。安史之乱时，唐玄宗逃到这里，在随军将士的胁迫下，勒死杨贵妃。

②长恨歌：唐代诗人白居易所作之诗，写的是唐玄宗宠幸杨贵妃而造成的政治悲剧与爱情悲剧。

③银河：天河。神话传说中，牛郎织女被银河隔开，不得聚会。

④石壕村：唐代诗人杜甫《石壕吏》诗，写在安史之乱中，官吏征兵征役，造成石壕村中一对老年夫妻惨别的情形。

⑤长生殿：旧址在陕西骊山华清宫内。唐玄宗和杨贵妃在这里海誓山盟，杨贵妃死后，唐玄宗多次在殿内哭祭。

古诗今读

当年流传的而且又写入《长恨歌》中的关于唐玄宗和杨贵妃的爱情故事，并不值得歌唱啊，因为人世间还有太多能拆散夫妻的"银河"。不知有多少夫妻经受了生离死别的痛楚。

像石壕村里那样儿子战死而媳妇守寡，老翁逾墙而老妪应征之类夫妻诀别的情景，比唐玄宗和杨贵妃的爱情悲剧更能催人泪下。

赏析要点

《马嵬》是乾隆十七年（1752 年），袁枚赴陕西候补官缺，路过马嵬驿所作，共 4 首。袁枚与爱妾别，远赴陕西，实属身不由己，联想到白居易《长恨歌》所写李杨情事，认为百姓的生离死别不胜枚举，李杨二人的生离死别并不值得同情。

"莫唱当年长恨歌"：当年唐明皇与杨贵妃的离别故事并不值得传唱。首句从《长恨歌》入手，开门见山亮出自己的态度，点出李杨的爱情悲剧，不值得人同情。

"人间亦自有银河"：人间的夫妻更有许多不得团圆。本句是前一句的原因。巧妙化用传说，用"银河"比喻阻挡夫妻团聚的困厄，使诗句既通俗易懂，又意味深远。

"石壕村里夫妻别"：杜甫在《石壕吏》中写到的老夫妻，儿子战死，媳妇守寡，老翁翻墙逃走而老妇人应征，夫妻诀别的场景。借用杜甫的《石壕吏》，表现人间悲剧，这是当时战乱情景的最好表现。这一句，将人们对宫廷的关注转移到民间。

"泪比长生殿上多"：在这个场景中，老夫妻的眼泪比杨贵妃和唐明皇的眼泪要多呀。这是对一、二两句的补充说明。借指民间所受的离乱之苦，远胜李、杨的爱情悲剧。

全诗借吟咏马嵬抒情，揭露了社会上的种种不幸，迫使诸多夫妻不能团聚，表现了诗人对下层人民不幸的深切同情。全诗化用神话传说、历史典故、经典诗文，运用强烈的对比给读者以想象的空间，让读者自己去思考、体会。

作者掠影

袁枚（1716～1797），清代诗人、诗论家、散文家。字子才，号简斋，晚年自号苍山居士，钱塘（今浙江杭州）人。袁枚是乾隆、嘉庆时期代表诗人之一，与赵翼、蒋士铨合称为"乾隆三大家"。乾隆四年（1739 年）进士，授翰林院庶吉士。乾隆七年外调做官，曾任江宁、上元等地知县，政治声誉很好，很得当时总督尹继善的赏识。三十三岁时，父亲亡故，辞官养母，在江宁（南京）购置隋氏废园，改名"随园"，筑室定居，世称随园先生。自此，他就在这里过了近 50 年的闲适生活，从事诗文著述，编诗话。发现人才，奖掖后进，为当时诗坛所宗。袁枚 24 岁参加朝廷的科考，试题是《赋得因风想玉珂》，诗中有"声疑来禁院，人似隔天河"的妙句，然而总裁们以为"语涉不庄，将置之孙山"，幸得当时总督尹继善挺身而出，才免于落榜。

其著作有《小仓山房集》，《随园诗话》16 卷及《补遗》10 卷，《子不语》24 卷及《续子不语》10 卷，随园食单 1 卷，散文、尺牍、随园食单说等 30 余种。散文代表作《祭妹文》，哀婉真挚，流传久远，古文论者将其与唐代韩愈的《祭十二郎文》并提。

延伸阅读

马嵬（其二）

[唐] 李商隐

海外徒闻更九州，他生未卜此生休。

空闻虎旅传宵柝，无复鸡人报晓筹。

此日六军同驻马，当时七夕笑牵牛。

如何四纪为天子，不及卢家有莫愁。

这是一首政治讽刺诗，锋芒指向了李唐前朝皇帝唐玄宗。

诗的大意：徒然听到传说，海外还有九州，来生未可预知，今生就此罢休。空听到禁卫军，夜间击打刀斗，不再有宫中鸡人，报晓敲击更筹。六军已经约定，全都驻马不前，遥想当年七夕，我们还嗤笑织女耕牛。如何历经四纪，身份贵为天子，却不及卢家夫婿，朝朝夕夕陪伴莫愁。

考试链接

1. 这首诗表达的思想感情与白居易《长恨歌》相同吗？请简要分析。

2. 这首诗在表达技巧上有什么特点？

编注者：程后玲

【参考答案】

1. 不相同。白居易的《长恨歌》以同情的态度细致描写并美化了唐玄宗和杨贵妃之间缠绵悱恻的爱情悲剧，而本诗提出了莫再吟唱的不同主张，认为战乱中平民百姓所遭受的苦难远远超过帝王、妃子之间的感情磨难，平民百姓所经历的生离死别更多，也更值得人们去关注。这首诗表达了诗人同情百姓疾苦、关心下层劳动人民的思想感情。

2. ①运用直接抒情的表现手法，在诗的开头就开门见山地提出了莫再吟唱《长恨歌》的主张。②运用对比的手法，将杜甫《石壕吏》与白居易《长恨歌》所写之事两相对比，形象地说明李、杨的爱情悲剧是他们自己所作所为造成的，而老百姓的悲剧是统治者造成的，老百姓无力主宰自己的命运，他们的悲惨处境才最值得关注和同情。

雪蕉圖

廉夫仿冬心先生
憲齋補紅梅綠竹

［清］ 陸恢 吳大澂 《雪蕉圖》

十二月十五夜

[清] 袁枚

沉沉①更鼓②急，

渐渐人声绝③。

吹灯窗更明，

月照一天雪。

注释

①沉沉：指从远处传来的断断续续的声音。

②更（gēng）鼓：旧时一夜分成五更，每更大约两小时，晚上派专人巡夜，打鼓报道时刻，叫作"打更"，打更用的鼓叫"更鼓"。

③绝：这里是消失的意思。

古诗今读

闷声的更鼓从远处一阵紧一阵地传来，忙碌的人们陆续入睡，市井的吵闹声慢慢平息下来，我也吹灭油灯准备入睡，但灯灭后却发现房间更亮了，原来因为夜空正高悬明月，大地又撒满白雪，明亮的圆月与白雪交相映照在窗上，使房间显得比吹灯前还要明亮。

赏析要点

这首诗写农历十二月十五日夜间的所见所闻。观察很细致，体会很深微。全诗用夜深、鼓急、人静、窗明、雪月交辉这些具体现象描绘了凄清明净的夜景，读后仿佛如临其境一般。

"沉沉更鼓急，渐渐人声绝。"呈现在读者面前的是一幅栩栩如生的画面。夜渐渐深了，更夫仿佛正敲打着更鼓由远及近，劳碌一天的人们听到更声已经准备休息，"沉沉，急，绝"这几个字让白天的热闹消失殆尽，渲染出夜的寂静。

"吹灯窗更明，月照一天雪。"窗明因为月照，因为雪月交辉，白雪月色融为一体，凸显出冬夜的凄清寒冷。

袁枚（1716~1797）清代诗人、诗论家、散文家。字子才，号简斋，晚年自号仓山居士、随园主人、随园老人，钱塘（今浙江杭州）人。乾隆四年进士，历任溧水、江宁等县知县，有政绩，四十岁即告归。在江宁小仓山下筑随园，吟咏其中。广收诗弟子，女弟子尤众。袁枚是乾嘉时期代表诗人之一，与赵翼、蒋士铨合称"乾隆三大家"。

袁枚的故事

清代乾隆年间，江南有一位才子叫袁枚。袁枚是一个诗人、文学评论家，同时也是一个美食家。

他的著作《随园诗话》至今得到诗词界的追捧，他的美食著作《随园食单》影响了中国烹饪界 200 多年。

少年时的袁枚就聪明过人，颇负才名。23 岁就金榜题名，高中进士，并入翰林院，被选为庶吉士。明清时期，翰林院是朝廷储备人才的地方，许多首辅、军机、大学士都出身翰林。进士中有发展潜力的青年才俊，才能入翰林院选庶吉士。刚刚踏入官场的袁枚，无疑是一颗前途无量的政治新星。

1748 年，32 岁的袁枚在江宁知县任上，花 300 两银子买了一个废弃的园林。这个园林是 1706 年由江宁织造曹寅所建，后来曹雪芹的父亲曹頫担任江宁织造时曹家被抄家，园子归了继任的江宁织造隋赫德，人称"隋园"。但不久隋赫德也被抄家，园子就荒废了。袁枚眼光独到，发现了隋园的开发潜力，于是以极为低廉的价格将其买下。然后经过精心开发，将其建成一座江南名园，并以隋园的谐音命名为随园。

袁枚只做过几年小官，俸禄不高，而且不到 40 岁就提前退休了。那时官员退休没有退休金，也没有在位时的任何待遇，不知他建造、管理偌大的一处园林，钱从哪里来？答案是因为袁枚很善于经营，而且懂得如何树立品牌，才获得充裕的资金。

作为一个专业诗人、著名才子，袁枚已经树立了个人品牌。他拆掉随园的围墙，欢迎所有人来随园游览，通过扩大人气，树立随园品牌。袁枚开发旅游业的做法，比今天只知道卖门票的旅游景区要高明。当然，文化产业一定是作为文人的袁枚不可或缺的经营项目。卖诗文，卖书既收入不菲，还可以进一步提升品牌价值。他还把随园中的部分土地树林池塘湖泊租给农民，让他们从事养殖业和种植业。每日川流不息的游客总要吃饭，于是他也办起了餐饮业。租地的农民为餐馆提供了食材，《随园食单》让更多的游客渴望在随园就餐，餐馆生意岂能不好？由于游客太多，随园的亭台楼阁，餐馆茶肆每年都需要换一次被游客踩坏的门槛。这么旺的人气，想不发财都难。

考试链接

1. "沉沉"一词的意思（　　　）

    A．更鼓沉

    B．夜深

    C．声音的断断续续

2. 全诗用＿＿＿＿＿＿＿、＿＿＿＿＿＿＿、＿＿＿＿＿＿＿、＿＿＿＿＿＿＿、＿＿＿＿＿＿＿这些具体现象描绘了凄清明净的夜晚。

编注者：李永梅

【参考答案】

1. C

2. 更鼓　灯火　窗户　月亮　白雪

五老堂

[明] 张宏 《庄园图册页5》

秋　思

[唐] 张籍

洛阳城里见秋风，
欲作家书意万重①。
复恐②匆匆说不尽，
行人③临发④又开封⑤。

注释

①意万重：形容要表达的意思很多。

②复恐：又恐怕。

③行人：这里指捎信的人。

④临发：将要出发。

⑤开封：把封好的家信拆开。

古诗今读

秋风乍起，客居洛阳城的诗人想给远在家乡的亲人写封信，表达自己思乡怀亲的心情，可是要说的话太多了，竟不知从何说起。

信写好后，又担心匆匆写就的信不能把自己的意思完全表达出来，当送信人将要出发的时候，又打开已封好的信查看。

赏析要点

"洛阳城里见秋风，欲作家书意万重。"第一句说秋天来到洛阳城，平平叙事，不事渲染。第二句中的"欲作家书"，一下子使我们感到了平淡的秋风中所蕴含的游子情怀。

"复恐匆匆说不尽，行人临发又开封。"书成封就之际，似乎已经言尽；但当捎信的行人就要上路的时候，却又忽然感到刚才由于匆忙，生怕信里漏写了什么重要内容，于是又匆匆拆开信封。"复恐"二字，对诗人的心理刻画入微。而这种并不确切的"恐"，促使诗人不假思索地作出"又开封"的决定。诗人没有写写信的具体过程和具体内容，只撷取家书就要发出时的这个细节，正显示出他对这封"意万重"家书的重视和对亲人的深切思念——千言万语，唯恐遗漏了一句！

全诗一气贯成，明白如话，朴素而又真实地表达游子的心态。在消息传达不便的封建社会，长期客居异地的人常有类似的体验，一经诗人提炼，这件极平常的小事、极普通的题材就具有了代表性的意义。后人每每读到，常有感同身受之叹，所谓人同此心，情同此理。

作者掠影

张籍（767～830），唐代诗人。字文昌，原籍吴郡（今江苏苏州）。是韩愈的学生，其诗多反映当时社会矛盾和民生疾苦，颇得白居易推重，与王建齐名，并称"张王"。有《张司业集》。

延伸阅读

张籍的文学成就

张籍是中唐时期新乐府运动的积极支持者和推动者，其乐府诗颇多反映当时社会现实之作，表现了对人民的同情。其诗作的特点是语言凝练而平易自然，和当时的王建齐名，世称"张王"。诗中广泛深刻地反映了各种社会矛盾，同情人民疾苦，如《塞下曲》《征妇怨》；另一类描绘农村风俗和生活画面，如《采莲曲》《江南曲》。上海古籍出版社有《张籍诗集》。

张籍乐府诗艺术成就很高，善于概括事物对立面，在数篇或一篇之中形成强烈对比，又善用素描手法，细致真实地刻画各种人物的形象。其体裁多为"即事名篇"的新乐府，有时沿用旧题也能创出新意。语言通俗浅近而又峭炼含蓄，常以口语入诗。他还着意提炼结语，达到意在言外的批判和讽刺效果。张籍的五律，不事藻饰，不假雕琢，于平易流畅之中见委婉深挚之致，对晚唐五律影响较大。

1. 给带点的字选择合适的读音。

洛阳城里见秋风，欲作家书意万重。（　　　）

A. chóng　　　　B. zhòng

2. 判断正误："行人临发又开封"中的"开封"是地名，在河南省。（　　　）

3. 王安石评张籍的诗说："看似寻常最奇崛"。本诗有一处成功的细节描写，正体现了王安石的评价。请你找出来，并作简要的评价。

编注者：史雯婷

【参考答案】

1. A

2. ×　这里的"开封"是打开封好的信，所以题目表述错误。

3. "行人临发又开封"既照应了"意万重"，又紧承"复恐"，刻画出心有千言万语又唯恐言之不尽的复杂微妙心理，让人在看似平常的描写中体味到作者浓浓的思乡之情。

声韵训练

《声律启蒙》的八齐：

星拱北，月流西，汉露对汤霓。桃林牛已放，虞坂（bǎn）马长嘶。

徐稚榻，鲁班梯，凤翥（zhù）对鸾栖。有官清似水，无客醉如泥。

萧史凤，宋宗鸡，远近对高低。水寒鱼不跃，林茂鸟频栖。

《笠翁对韵》的八齐：

颁竹策，剪桐圭。剥（pū）枣对蒸梨。绵腰如弱柳，嫩手似柔荑（tí）。

绛（jiàng）县老，伯州犁。测蠡（lí）对燃犀。榆槐堪作荫，桃李自成蹊。

修月斧，上天梯。蝃（dì）蝀（dōng）对虹霓。行乐游春圃，工谀病夏畦（qí）。

目쌍邀江平여중
雪滿樹조漁精
相手天洪心胆熊語
首日黃浦혀三

[元] 吴镇 《渔父图》

105

渔 歌 子

[唐] 张志和

西塞山①前白鹭②飞，
桃花流水③鳜鱼肥。
青箬笠④，绿蓑衣⑤，
斜风细雨不须归。

注释

①西塞山：在浙江省湖州市西面。

②白鹭：一种水鸟。

③桃花流水：桃花盛开的季节正是春水盛涨的时候，俗称桃花汛或桃花水。

④箬笠：竹叶编的笠帽。

⑤蓑衣：用草或棕编制成的雨衣。

古词今读

　　西塞山前白鹭在自由地飞翔，江岸桃花盛开，春水初涨，水中鳜鱼肥美。渔翁头戴青色的箬笠，身披绿色的蓑衣，冒着斜风细雨，乐然垂钓，用不着回家。

赏析要点

　　这首词描写了江南水乡春汛时期捕鱼的情景。有鲜明的山光水色，有渔翁的形象，是一幅用诗写的山水画。

　　"西塞山前白鹭飞"："西塞山前"点明地点，"白鹭"是闲适的象征，写白鹭自在地飞翔，衬托渔父的悠闲自得。鹭就是平常人们叫作鹭鸶的那种水鸟。远远望去，它的外形有点像白鹤，腿和脖子特别长，便于在水中寻找食物。"西塞山前白鹭飞"，它们在西塞山前，展翅飞翔，使这个鱼米之乡更显得生趣洋溢了。

"桃花流水鳜鱼肥"：意思是桃花盛开，江水猛涨，这时节鳜鱼长得正肥。这里桃红与水绿相映，是表现暮春西塞山前的湖光山色，渲染了渔父的生活环境。作者没有简单地说春汛到来，而是用"桃花流水鳜鱼肥"来描写，这就更能勾起读者的想象，使人们似乎看见了两岸盛开的、红艳艳的桃花；河水陡涨时，江南特有的鳜鱼不时跃出水面，多肥大呀。"桃花流水"就是桃花水。南方每年二三月间，桃花盛开，天气暖和，雨水比冬天多，下几场春雨，河水就会上涨，于是逆水而上的鱼群便多起来了。"鳜鱼"是一种味道特别鲜美的淡水鱼，嘴大鳞细，颜色呈黄褐色。春汛来了，渔夫当然不会闲着，他们也忙碌开了。

"青箬笠，绿蓑衣，斜风细雨不须归"："箬笠"就是用竹丝和青色箬竹叶编成的斗笠。"蓑衣"是用植物的茎叶或皮制成的雨衣。如果以龙须草（蓑草）为原料，它就是绿色的。"归"，回家。"不须归"，是说也不须回家了。描写了渔父捕鱼的情态。渔父戴青箬笠，穿绿蓑衣，在斜风细雨中乐而忘归。

"斜风"指微风。

全诗着色明丽，用语活泼，生动地表现了渔夫悠闲自在的生活情趣。此词在秀丽的水乡风光和理想化的渔人生活中，寄托了作者爱自由、爱自然的情怀。词中更吸引我们的不是一蓑风雨，从容自适的渔夫，而是江乡二月桃花汛期间春江水涨、烟雨迷蒙的图景。雨中青山，江上渔舟，天空白鹭，两岸红桃，色泽鲜明但又显得柔和，气氛宁静但又充满活力。而这既体现了作者的艺术匠心，也反映了他高远、冲澹、悠然脱俗的意趣。

作者掠影

张志和（732～774），唐代诗人，字子同，初名龟龄，号玄真子。祁门县灯塔乡张村人，祖籍浙江金华，先祖湖州长兴房塘。张志和从幼受到其父道教文化熏陶，精通道教，博学能文，曾经进士及第。三岁就能读书，六岁做文章，十六岁明经及第，先后任翰林待诏、左金吾卫录事参军、南浦县尉等职。

张志和因生活在唐帝国从鼎盛跌落中衰的转变期，"安史之乱"对他的思想和处世立身产生消极影响。唐肃宗年间，张志和离开了养育他的婺城到京城"游太学"，取得国子学士资格。不久一举明经擢第，此时他年仅16岁。一个弱冠少年就能向肃宗皇帝献策，可谓少年得志，因张志和才华出众，受肃宗李亨赏识，特加奖掖，任命为待诏翰林，授予左金吾录事参军，肃宗同时还赐名"志和"与他，自此志和即为其名。正当他少年春风，荣宠之际，却不慎因事得罪朝廷，被贬为南浦（今江西南昌西南）为尉官。虽然被贬时间不长，中途即移他郡，不久又遇赦回到京城长安，但却在他心灵上留下一道深痕，他似乎看破官场，泯灭仕念。于是趁家亲亡故之机，以奔丧为由请求辞官返金华。

唐肃宗曾赐给他奴、婢各一，称"渔童"和"樵青"，张志和遂偕婢隐居于太湖流域的东西苕溪与霅溪一带，扁舟垂纶，浮三江，泛五湖，渔樵为乐。其兄鹤龄，担心弟弟浪迹湖海，遁世不还，写了一首《渔父歌》召其归来，张志和听从兄长安排，回越居住。他生活简朴，不修边幅。常去水滨河溪效法姜太公无饵垂鱼。如此逍遥隐居生活10年。

唐大历九年秋冬，颜真卿偕同门生、弟侄、宾客前来平望驿游览，大家饮酒作词，酣畅淋漓，张志和酒酣耳热，忘乎所以，飘然若仙，他乘兴要为众人表演水上游戏，不幸溺水而亡。颜真卿为其撰写碑铭。

张志和笔下的西塞山在哪？

张志和笔下的西塞山究竟是哪里？仅从《渔歌子》词本身就可找到它的答案——"西塞山前白鹭飞"中的"西塞山"就是黄石的西塞山。

说此西塞山在黄石的证据就是词中的第二句"桃花流水鳜鱼肥"，关键是"桃花流水"四个字。在说这四个字能破解争论焦点的理由之前，先说浙江籍高工沈先生的观点值得商榷之处。沈先生认为："就该词中'斜风细雨不须归'的淡泊风景，试想一下，在陡峭的西塞山下，在湍急的江流之中，一叶扁舟上的渔夫如何在斜风细雨里闲适钓鱼？"笔者认为，沈先生的观点值得商榷的问题是渔夫为什么只能垂钓呢，难道没有其他的捕鱼方式吗？再者说，就算是垂钓，难道只能在船上，就不能在岸上吗？黄石西塞山的后面即其下游应有一较大的回流湾，若果然如此，岂不是或岸边或船上垂钓或网捕的极好所在吗？漫说是斜风细雨，就是风浪再大一点也未尝不可。回头再说"桃花流水"，先说"流水"这一自然现象，一般多见于江河之中（平原的小河有时还看不出水在流动），湖中的水一般是相对静止的，也就是沈先生说的"淡泊风景"。因此"流水"描写的是江水，不大可能是湖水，查浙江湖州，并无大江大河流过，仅凭几条小溪，或者护城河什么的，如何称得上"流水"？再说"桃花"，张志和词中的"桃花"若是实指桃花，则符合黄石西塞山上一到春季桃花满枝的景致；若不是实指桃花，则指的桃花开放季节的长江水。生长在长江边的人多数都知道长江每年春季有一次汛期，只是大小不同而已，汛期大的年份还需要设防。这一汛期有一个俗称——"桃花水"或叫"桃花汛"（简称"桃汛"）。这一俗称，古已有之，早在《宋史·河渠志一》中便有"二月三月，桃花始开，冰泮雨积，川游猬集，波澜盛长，谓之桃花水。"虽是记载于宋之黄河水，但自古至今，民间流传必定先行于文字记载，这也是不争的事实。而张志和词中的"桃花流水"无论是指的每年春季的"桃花水"（或"桃花汛"）还是指桃花在水中游亦或桃花映在流水中，都是必须有流水与之相印证，而这正是浙江湖州最缺乏的客观依据。"流水"绝不可能指"湖水"，黄石有江有湖，什么是"流水"实在是再明辨不过了。浙江沈先生或同笔者一样客居黄石，应该考虑去品味一下"流水"的气魄与壮观，万不可坐井说天，以为是什么"淡泊风景"，把诗人的意境大大打了

折扣。因此，笔者认为，"桃花流水鳜鱼肥"实际指的是长江春季，即桃花盛开期间的鳜鱼特别肥嫩鲜美（此期间鳜鱼正值繁殖前期，当然是一年中最肥嫩的阶段了）。舍此，再不好作其它的解释。所以，笔者认为"桃花流水鳜鱼肥"，是对"西塞山"是何处之西塞山最好的破解。

（《东楚晚报》2004 年 9 月 16 日）

考试链接

1. 对这首词赏析有误的一项是（　　）

A. 白鹭就是平常人们叫作鹭鸶的那种水鸟。远远望去，它的外形有点像白鹤，腿和脖子特别长，便于在水中寻找食物。

B. 南方每年二三月间，桃花盛开，天气暖和，雨水比冬天多，下几场春雨，河水就会上涨，于是逆水而上的鱼群便多起来了。

C. 写出渔翁头戴箬笠，身披蓑衣，在斜风细雨里捕鱼时的烦恼。

2. 赏析"桃花流水鳜鱼肥"的妙处。

3. 品析"不须归"所流露出来的悠闲惬意。

编注者: 吴 祺

【参考答案】

1. C

2. 作者没有简单地说春汛到来，而是用"桃花流水鳜鱼肥"来描写，这就更能勾起读者的想象，使人们似乎看见了两岸盛开的、红艳艳的桃花；河水陡涨时，江南特有的鳜鱼不时跃出水面，多肥大呀。桃花流水是中国传统寓意纹样。亦称"流水桃花"。形容春天的优美景色。唐李白《山中问答》诗："桃花流水杳然去，别有天地非人间"。也有用作比喻男女爱情的。纹饰以流水与花构成，明清锦缎上常有此纹饰。"鳜鱼"是一种味道特别鲜美的淡水鱼，嘴大鳞细，颜色呈黄褐色。春汛来了，渔夫当然不会闲着，他们也忙碌开了。

3. "归"，回家。"不须归"，是说也不须回家了。作者在词里虽然只是概括地叙述了渔夫捕鱼的生活，但是，读者通过自己的想象，完全可以体会到词的言外之意。从渔翁头戴箬笠，身披蓑衣，在斜风细雨里欣赏春天水面的景物，读者便可以体会到渔夫在捕鱼时的愉快心情。

声韵训练

《声律启蒙》的九佳：

鱼圉（yǔ）圉，鸟喈（jiē）喈。草履对芒鞋。古贤崇笃（dǔ）厚，时辈喜诙谐。

挑荠女，采莲娃。菊径对苔阶。诗成六义备，乐奏八音谐。

梅可望，橘堪怀。季路对高柴。花藏沽酒市，竹映读书斋。

《笠翁对韵》的九佳：

登楚岫（xiù），渡秦淮。子犯对夫差。石鼎龙头缩，银筝雁翅排。

陈俎（zǔ）豆，戏堆埋。皑皑对皑（ái）皑。贤相聚东阁，良朋集小斋。

寒翠袖，贵荆钗。慷慨对诙谐。竹径风声籁，花溪月影筛。

风入袂（mèi），月盈怀。虎兕（sì）对狼豺。马融堂上帐，羊侃水中斋。

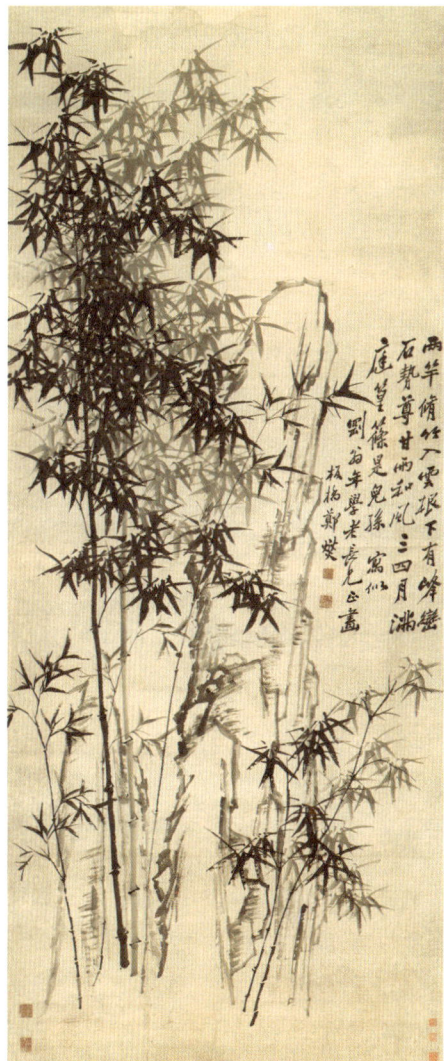

両竿脩竹入雲根下有峰巒
石勢尊廿而如風三四月淵
庭篁篠是兒孫寫似
劉宕平學老弟兒公蓋
板橋鄭燮

[清] 郑燮 《竹石图轴》

111

竹　石①

[清] 郑燮

咬定②青山不放松，

立根③原④在破岩⑤中。

千磨⑥万击⑦还坚劲⑧，

任⑨尔⑩东西南北风。

注释

①竹石：扎根在石缝中的竹子。诗人是著名画家，他画的竹子特别有名，这是他题写在竹石画上的一首诗。

②咬定：比喻根扎得结实，像咬着青山不松口一样。

③立根：扎根，生根。

④原：本来，原本，原来。

⑤破岩：裂开的山岩，即岩石的缝隙。

⑥磨：折磨，挫折，磨炼。

⑦击：打击。

⑧坚劲：坚强有力。

⑨任：任凭，无论，不管。

⑩尔：你。

古诗今读

竹子的根牢牢地扎在石缝中，就像抓住青山一样不会松开，它经历了成千上万次的磨砺与捶打，依然那么坚强；既要面对酷暑中的东南风，还要承受严冬里的西北风，它都无畏无惧，不但经受得住，而且更加坚韧挺拔。

这是一首题画诗，题于作者郑板桥自己的《竹石图》上。这首诗在赞美岩竹的坚韧顽强中，隐喻了作者藐视俗见的刚劲风骨。

这首诗着力表现了竹子那顽强而又执着的品质，是一首赞美岩竹的题画诗，也是一首咏物诗。开头用"咬定"二字，把岩竹拟人化，已传达出它的神韵和它顽强的生命力；后两句进一步写岩竹的品格，从来无所畏惧，任凭东西南北风的击打。经过了无数次的磨难是因，造就了一身英俊挺拔的身姿是果。所以，这首诗表面上是写"四君子"之一的竹子，实际上是写人。诗中的竹实际上也是作者郑板桥高尚人格的化身。在生活中，诗人正是这样一种与下层百姓有着较密切的联系、嫉恶如仇、不畏权贵的岩竹。

作者的这首题画诗恰如他的"画"一般，有着很强的立体感，也可作为一幅画来欣赏，无论是竹还是石，在诗人的笔下，都形象鲜明，若在眼前。那没有实体的风也被描摹的十分有"意"，无为而无不为。但诗人追求的并不仅在于外在的形似，而是在每一根瘦硬的岩竹中融进了自己的人格，通过竹石透露出一种意在言外的深意和内在的神韵，托物言志，托岩竹的坚韧顽强言作者自己刚正不阿、正直不屈、铁骨铮铮的骨气，深刻地隐喻了作者的崇高理想。

郑燮（xiè）（1693～1765），清代书画家、文学家，"扬州八怪"之一。字克柔，号理庵，又号"板桥"，人称"板桥先生"，江苏兴化人，通过科举考试，当过康熙秀才、雍正举人、乾隆元年进士。一生主要客居扬州，以卖画为生，擅长画兰、竹、石、松、菊等植物，其诗、书、画均旷世独立，世称"三绝"。他画竹长达五十余年，成就最为突出。著有《板桥全集》。

少年郑板桥巧对诗联

郑板桥的少年时代是在江苏兴化县度过的。当时，兴化县有个米先生，篆刻技艺十分高明。

一次，他得了一块田黄石。田黄石是刻图章最珍贵的材料，素有"石帝"之称。这消息一传开，远近前来索求的人络绎不绝。郑板桥自小就喜爱篆刻艺术，他多么希望自己能够得到这块上好的田黄石啊！可是，由于家贫囊空，他只能趁人们围着观赏赞叹的时候，贪婪地看上几眼。这天，米先生家中的来客格外多，大家争着用高价买取田黄石，有几个富家子弟差点儿为此动起拳头来。米先生急得满头大汗，心想，田黄石只有一块，但想买的人很多，这可怎么办才好呢？

正在左右为难之际，米先生看着火盆里一闪一闪的炭火，灵机一动，计上心来。他拱了拱手，客气地对来客们说："承蒙诸位错爱，争索这块田黄。可石头只一块，不能人人如愿。为免除争执，我出一联，先对上者，便是这块田黄石的新主人了。"接着，米先生以火盆为题，说出上联："炭黑火红灰似雪。"

话音落下，满屋哑然。那些富商、书生面面相觑，没有一个敢开口的。站在一旁的郑板桥也被难住了。他怏怏地回到家里，见继母郝氏和乳母费妈妈正在磨麦。她们先把黄灿灿的麦粒丢进磨眼，然后将磨下来的粗面用筛子筛一遍。筛子下撒着雪白的粉，筛子上留着红色的麸。"有了！"郑板桥激动得几乎跳了起来。他一溜烟地跑回米先生家，当众对出了下联："麦黄麸赤面如霜。"

真是一鸣惊人，满屋子人都啧啧赞叹起来。米先生当即取出田黄石，刀法纯熟地刻上"郑燮"二字，送给了郑板桥。从此，郑板桥便拜米先生为师，很好地继承和发展了他的篆刻技艺。

考试链接

1. 写出下列词语的意思。

咬定：

破岩：

2. 这首诗中，最能体现竹子品格特点的诗句是：＿＿＿＿＿＿＿＿＿＿＿。

3. 从这首诗中，我们体会到了竹子＿＿＿＿＿＿＿＿＿＿＿的精神。

《声律启蒙》的十灰：

周召（shào）虎，宋桓魋（tuí）。阆（làng）苑对蓬莱。薰风生殿阁，皓月照楼台。

歌旧曲，酿新醅（pēi）。舞馆对歌台。春棠经雨放，秋菊傲霜开。

花蓓蕾，草根荄（gāi）。剔（tī）藓对剜（wān）苔。雨前庭蚁闹，霜后阵鸿哀。

《笠翁对韵》的十灰：

游阆苑，醉蓬莱。七政对三台。青龙壶老杖，白燕玉人钗。

佳兴适，好怀开。朔雪对春雷。云移鸡（zhī）鹊观，日晒凤凰台。

金花报，玉镜台。倒斝（jiǎ）对衔怀。岩巅横老树，石磴（dèng）覆苍苔。

编注者：刘　洁

黄藏紫鳳嬌
欸語金憧玉節
紛來迎偬然
南山宛在眼滿
手秋風餐
英
南山真想
攜雲湖逸叟

[清] 恽寿平 《菊石图》

赠刘景文①

[宋] 苏轼

荷尽②已无擎③雨盖④，

菊残⑤犹⑥有傲霜⑦枝。

一年好景君⑧须记⑨，

正是⑩橙黄橘绿时⑪。

注释

①刘景文：刘季孙，字景文，工诗，时任两浙兵马
都监，驻杭州。苏轼视他为国士，曾上表推荐，
并以诗歌唱酬往来。

②荷尽：荷花枯萎，残败凋谢。

③擎：举，向上托。

④雨盖：旧称雨伞，诗中比喻荷叶舒展的样子。

⑤菊残：菊花凋谢。

⑥犹：仍然。

⑦傲霜：不怕霜冻寒冷，坚强不屈。

⑧君：原指古代君王，后泛指对男子的敬称，您。

⑨须记：一定要记住。

⑩正是：一作"最是"。

⑪橙黄橘绿时：指橙子发黄、橘子将黄犹绿的时候，
指农历秋末冬初。

古诗今读

荷花凋谢，荷叶败尽，像一把遮雨的伞似的叶
子和根茎再也不像夏天那样亭亭玉立；菊花也已枯
萎，但那傲霜挺拔的菊枝在寒风中依然显得生机勃
勃。别以为一年的好景将尽，你必须记住，最美的
景是在初冬橙黄橘绿的时节。

这首诗是诗人赠给好友刘景文的。前两句诗人先用高度概括的笔墨描绘了一幅残秋的图景：那曾经碧叶接天、红花映日的渚莲塘荷，早已翠减红衰，枯败的茎叶再也不能举起绿伞，遮挡风雨了；独立疏篱的残菊，虽然蒂有余香，却亦枝无全叶，唯有那挺拔的枝干斗风傲霜，依然劲节。自然界千姿万态，一年之中，花开花落，可说是季季不同，月月有异。这里，诗人却只选择了荷与菊这两种分别在夏、秋独领风骚的花，写出它们的衰残，来衬托橙橘的岁寒之心。诗人的高明还在于，他不是简单地写出荷、菊花朵的凋零，而将描写的笔触伸向了荷叶和菊枝。终荷花之一生，荷叶都是为之增姿，不可或缺的。苏轼用擎雨无盖说荷败净尽，真可谓曲笔传神！同样，菊之所以被誉为霜下之杰，不仅因为它蕊寒香冷，姿怀贞秀，还因为它有挺拔劲节的枝干。花残了，枝还能傲霜独立，才能充分体现它孤标傲世的品格。诗人的观察可谓细致矣，诗人把握事物本质的能力亦可谓强矣！这两句字面相对，内容相连，是谓流水对。"已无""犹有"，形成强烈对比，写出二花之异。可是，不论是先谢还是后

凋，它们毕竟都过时了，不得不退出竞争，让位于生机盎然的初冬骄子——橙和橘。至此，诗人才满怀喜悦地提醒人们：请记住，一年中最美好的风光还是在"青黄杂糅，文章烂兮"（屈原《橘颂》）的初冬时节。这里橙橘并提，实则偏重于橘。从屈原的《橘颂》到张九龄的《感遇（江南有丹橘）》，橘树一直是诗人歌颂的"嘉树"，橘实则"可以荐嘉客"。橘树那经冬犹绿林、自有岁寒心的坚贞节操，岂止荷、菊不如，直欲与松柏媲美了。

后两句议景，揭示赠诗的目的。说明冬景虽然萧瑟冷落，但也有硕果累累、成熟丰收的一面，而这一点恰恰是其他季节无法相比的。诗人这样写，是用来比喻人到壮年，虽已青春流逝，但也是人生成熟、大有作为的黄金阶段，勉励朋友珍惜这大好时光，乐观向上、努力不懈，切不要意志消沉、妄自菲薄。

全诗融写景、咏物、赞人于一体，借物喻人，赞颂刘景文的品格和节操。但全诗无一字涉及刘氏本人的道德文章，实际上这正是作者的高明之处，将刘氏品格节操的称颂，不留痕迹地糅合在对初冬景物的描写中。同时，该诗把"悲秋伤春"的诗人

眼中最为萧条的初冬写得富有生机和诗意，于此可见诗人旷达开朗、不同寻常的性情和胸襟。

作者掠影

苏轼（1037～1101），北宋著名文学家、书法家、画家。字子瞻，号东坡居士，世称苏东坡、苏仙，北宋眉州眉山（今属四川省眉山市）人，祖籍河北栾城。

嘉祐二年（1057年），苏轼进士及第。宋神宗时曾在凤翔、杭州、密州、徐州、湖州等地任职。元丰三年（1080年），因"乌台诗案"受诬陷被贬黄州任团练副使。宋哲宗即位后，曾任翰林学士、侍读学士、礼部尚书等职，并出知杭州、颍州、扬州、定州等地，晚年因新党执政被贬惠州、儋州。宋徽宗时获大赦北还，途中于常州病逝。宋高宗时追赠太师，谥号"文忠"。

苏轼是宋代文学最高成就的代表，并在诗、词、散文、书、画等方面取得了很高的成就。其诗题材广阔，清新豪健，善用夸张比喻，独具风格，与黄庭坚并称"苏黄"；其词开豪放一派，与辛弃疾同是豪放派代表，并称"苏辛"；其散文著述宏富，豪放自如，与欧阳修并称"欧苏"，为"唐宋八大家"之一。苏轼亦善书，为"宋四家"之一；工于画，尤擅墨竹、怪石、枯木等。有《东坡七集》《东坡易传》《东坡乐府》等传世。

延伸阅读

学无止境

苏轼年少时，天资聪颖，他广泛阅读诗书，博通经史，又长于作文，因而受到人们的赞赏，自矜之情亦随之而萌生。

一日，苏轼于门前手书一联："识遍天下字，读尽人间书。""尽"与"遍"对，活画出苏轼当时的自傲之心。没料到，几天之后，一鹤发童颜老者专程来苏宅向苏轼"求教"，他请苏轼认一认他带来的书。苏轼满不在乎，接过一看，心中顿时发怔，书上的字一个也不认识。心高气傲的苏轼亦不免为之汗颜，只好连连向老者道不是，老者含笑飘然而去。

苏轼羞愧难当，跑到门前，在那副对联上各添上两字，"发愤识遍天下字，立志读尽人间书。"境界为之一新，乡邻皆刮目相看。

1. 诗的前两句写景，抓住_____、_____描绘出秋末冬初的萧瑟景象。"已无"与"犹有"形成强烈对比，突出菊花傲霜斗寒的形象。

2. 古人写秋大多气象衰飒，渗透悲秋情绪。诗中"_____，_____写出了深秋时节的丰硕景象，显露了勃勃生机，给人以昂扬之感。

3. 请选出对诗句理解不正确的一项是（　　）

A. 荷叶败尽，像一把遮雨的伞似的叶子和根茎上再也不像夏天那样亭亭玉立，菊花也已枯萎，但那傲霜挺拔的菊枝在寒风中挺立。一年中最美的景色已没有了，让人感到是多么的凄凉萧瑟啊！

B. 这是一首赞咏秋令的诗，诗的表面似乎在赞咏晚秋景色之美，实际上是用傲霜枝来比喻刘景文，颂扬他孤高傲世的品格。

C. 前两句用"败荷""残菊"两个意象展示出秋末冬初的萧瑟景象，但"已无"与"犹有"形成强烈的对比，突出了菊花傲霜斗寒的形象。

D. 这首诗告诉我们即使青春流逝，人生将晚，但还是要珍惜这大好时光，乐观向上，努力不懈，切不要意志消沉、妄自菲薄。

编注者：王菊珍

【参考答案】
1. 荷尽　菊残
2. 一年好景君须记　最是橙黄橘绿时
3. A

［清］ 渐江 《晓江风便图（之一）》（局部）

易 水 歌

[先秦] 佚名

风萧萧^①兮易水^②寒，

壮士^③一去兮^④不复还。

探虎穴兮入蛟宫，

仰天呼气兮成白虹。

注释

①萧萧：指风声。

②易水：指水名，源出河北省易县，是当时燕国的
南界。

③壮士：在这里指荆轲。

④兮：语气助词。

古诗今读

秋风萧瑟，挟裹燕赵易水寒凉，荆轲此去，再
无安然归来希望。

剑指秦王，如进虎穴龙潭一样，仰天长叹，呈
现白虹贯日气象。

赏析要点

荆轲擅剑术，有胆识，人称其亡命游侠，而我
更愿他为寒门文士。辗转于社会底层，游历于燕赵
之间，读书、饮酒、仗剑、交友，对成功的渴望，
对报国的追求，坚守大丈夫当流芳千古之人生信条。
恰逢太子丹知遇之恩无以回报，"士为知己者捐躯
何妨"，易水东流，永不回返。筑音激越，秋风悲
吟。前路已知，行将赴义。

萧萧秋色里，多少恩怨爱恨，轻拂人生过往，君民戚送，亲友离殇。酒酣胸胆乐声扬，看荆卿文智武勇，携一腔热血，图穷匕见，怒指秦王。

仰天啸，气贯长虹，虎穴龙潭从容卧，英雄悲歌慨而慷。渐离献酒，燕丹一跪，极简处生出无限悲壮，问君何往？那是天高水长。"寒"凝结了易水，锁住了秋风，定格了这标志性的历史瞬间，荆轲不再是混迹江湖的小人物，大无畏的家国情怀，令他化为忠勇之代名词；豪壮之集结号。"昔日人已没，今日水犹寒。"这一寒就是千年。

文字的魅力就在于此，洞穿时空，吞天沃日，此刻不要在意荆轲身世，何必探寻对错与否，求全责备毫无意义。古今刺客多矣，留诗传颂者唯一，强秦巍巍，秦王峨峨，谁敢撼之，唯我荆卿。

延伸阅读

荆 轲

荆轲（？～公元前227年），姜姓，庆氏（古时"荆"音似"庆"）。战国末期，卫国朝歌（今河南鹤壁淇县）人，战国时期著名刺客，也称庆卿、荆卿、庆轲，是春秋时期齐国大夫庆封的后代。喜好读书击剑，为人慷慨侠义。后游历到燕国，随之由田光推荐给太子丹。

秦国灭赵后，兵锋直指燕国南界，太子丹震惧，决定派荆轲入秦行刺秦王。荆轲献计太子丹，拟以秦国叛将樊於期之头及燕督亢地图进献秦王，相机行刺。太子丹不忍杀樊於期，荆轲只好私见樊於期，告以实情，樊於期为成全荆轲而自刎。

公元前227年，荆轲带燕督亢地图和樊於期首级，前往秦国刺杀秦王。临行前，燕太子丹、高渐离等许多人在易水边为荆轲送行，场面十分悲壮。"风萧萧兮易水寒，壮士一去兮不复还"，这是荆轲在告别时所吟唱的诗句。荆轲与秦舞阳入秦后，秦王在咸阳宫隆重召见了他，在交验樊於期头颅，献督亢（今河北涿州市、易县、固安一带）之地图，图穷匕见，荆轲刺秦王不中，被秦王拔剑击成重伤后为秦侍卫所杀。

考试链接

1. 荆轲的《易水歌》最早见于＿＿＿，这是一部＿＿＿体例的史书。

2. 受《易水歌》的影响，后世有关易水的诗句
请举出一例简要赏析。

编注者：胡　伟

【参考答案】

1.《史记》　纪传体
2. 李贺《雁门太守行》"半卷红旗临易水，霜重鼓寒
　　声不起"。"易水"使人想起荆轲《易水歌》，渲染
　　了一种悲壮色彩。"重""寒不起"，突出了天气寒
　　冷和气氛紧张凝重，反衬将士们无所畏惧、奋勇直
　　前的精神。

声韵训练

《声律启蒙》的十一真：

韩五鬼，李三人，北魏对西秦。蝉鸣哀暮夏，
莺啭（zhuàn）怨残春。

金翡翠，玉麒麟，虎爪对龙鳞。柳塘生细浪，
花径起香尘。

仁无敌，德有邻，万石对千钧。滔滔三峡水，
冉冉一溪冰。

《笠翁对韵》的十一真：

萝月叟，葛天民。国宝对家珍。草迎金埒
（liè）马，花醉玉楼人。

折桂客，簪花人。四皓对三仁。王乔云外舄
（xì），郭泰雨中巾。

花馥（fù）馥，叶蓁（zhēn）蓁。粉颈对朱
唇。曹公奸似鬼，尧帝智如神。

编者的话

　　在悠悠几千年的历史长河里，中华古诗词是中华传统文化中最灿烂的篇章，熠熠生辉，光耀古今。古诗词不仅是中国人的精神基因，也是我们文化的筋骨，撑起了文化传承的半壁江山。为了贯彻中共中央、国务院关于加强中国传统文化传承教育的精神和教育部关于中小学语文教学中增加古诗文比重和素养的要求，我们编写了这套丛书。

　　编写一套适合新时代读者学习古诗词的丛书并不是一时心血来潮的冲动。我们志在发展一种新的学习载体和学习模式。我们的目标是既适合中小学生语文课后阅读拓展训练，也适合读者循序渐进的学习，既能通过纸质版阅读，也可通过移动端进行电子学习。为此，我们从学习者的生理心理发展与认知能力、学习者诗词鉴赏能力的进阶管理、语文课程标准与中高考备考要求、诗会与诗词竞赛等活动对古诗词素养的要求、在线学习与交流等多个维度上进行了立意，辅以古诗词中字音义的难度、篇幅的长短、理解难易度等方面的综合考虑，参考国际上语言类分层教学的成功模式，精心运筹，把丛书划分为十二个等级，编为十二个分册，也可以匹配基础教育的十二个年级。成书后，我们发现，这种学程进度管理和阅读分级也十分吻合王国维先生在《人间词话》中关于诗词的三个境界的宗旨。比如对词的样本的挑选，从十六字令、忆江南等小令到中调、长调，分段逐级编排。这套丛书，也是中国有规模的古诗词丛书分级阅读的首次尝试。

　　《中华最美古诗词360首》精选了380多首古诗词，时间跨度上起先秦下迄清末，吸取了近现代古诗词研究大家的学术成果和经典诗词选本的优点，力争把中国古典诗词领域最具代表性的作者及其经典作品选进来，重在发掘主流文化价值，畅咏家国情怀，赞美社会责任感，兼顾各种风格、诗品和类型，比如，山水田园、爱国思乡、边塞、羁旅、咏史、送别、闺怨等无所不包，从"明月松间照，清泉石上流"的山涧幽景到"忽如一夜春风来，千树万树梨花开"的边塞奇观，随着层级的递升，古诗词的内容越发丰富，一个个鲜活的诗词大家在不断走进读者的视野，一首首风格迥异的诗词，如画轴般徐徐展开。

本丛书虽然定位为一套普识性的诗词读本，但并不普通。本丛书汇聚三百多位一线名师的智慧和心血，不仅有详尽的注释、生动的古诗词今读，还有一线教师极具个性的解读、有趣的关联延伸阅读，更有为应对各类考试而准备的测试题目和部分可资参考的教学资料，高度匹配教学要求，吻合教学实际，是古诗词精读和深度学习的不二选择。

本丛书在诗词筛选与编注过程中得到了很多专家、学者的指导和帮助。中国阅读学研究会副秘书长刘立峰、《中国教师》杂志社田玉敏教授、光明日报《教育家》杂志社王俊文先生等人给予我们许多具体指导、论证和鼓励，在此我们表示衷心的谢忱；对参与本丛书编注的三百多位教师的辛苦付出与劳动表示衷心的感谢，对参与书稿审校的林新杰、尚荣荣等同志表示衷心的谢意，同时感谢刘权先生对本书的出版给予的大力支持。

把380多首古诗词的解读深化为12个读本，卷帙不小，耗时费力可想而知，疏漏和不足在所难免，诚请广大读者批评指正，并给我们提出宝贵意见和建议，以便再版时订正和优化，帮助我们不断改进和完善，不断提高本丛书的质量。延伸阅读等模块中有部分作品是教师推荐给学生的传统阅读名篇，雷同或错漏在所难免，在此深表歉意。我们与收入本书作品的作者进行了广泛联系，烦请未能联系上的作者联系我们，以便支付稿酬。

最后，需要特别指出的是，本丛书委托北京名狮教育科技公司加工制作了电子版，这也是传统出版物发展新一代电子辅助教材的有益尝试，十分符合国家关于大力发展新一代数字阅读的文件精神。购买了本丛书的读者，可以通过扫描书中的二维码在移动端免费听朗读、看诗词原文，但本书纸质版的定价中不包含电子版的制作成本支出，因此购买了纸质版的读者使用电子版时，除了听朗读、看原文及其注释免费外，阅读电子版的其他页面和模块需要另行付费，如有疑问，具体请与北京名狮教育科技公司联系。

联系方式：（010）88113200

本书编委会